洋顾问思维旋风之8

加快转型升级

再造广东经济发展新优势

李春洪　张东明◎主编

南方日报出版社
NANFANG DAILY PRESS
中国·广州

图书在版编目（CIP）数据

加快转型升级 ：再造广东经济发展新优势/李春洪，张东明主编. —广州 ：南方日报出版社，2012.11
（洋顾问思维旋风 ；8）
ISBN 978-7-5491-0710-0

Ⅰ. ①加… Ⅱ. ①李… Ⅲ. ①区域经济发展－研究－广东省 Ⅳ. ①F127.65

中国版本图书馆 CIP 数据核字(2012)第 255847 号

JIAKUAI ZHUANXING SHENGJI

加快转型升级——再造广东经济发展新优势　　李春洪 张东明 主编

出版发行： 南方日报出版社
地　　址： 广州市广州大道中 289 号
电　　话：（020）83000502
经　　销： 全国新华书店
印　　刷： 广州汉鼎印务有限公司
开　　本： 787mm×1092mm　1/16
印　　张： 13.5　**彩插：** 1.25
字　　数： 245 千字
版　　次： 2012 年 11 月第 1 版
印　　次： 2012 年 11 月第 1 次印刷
定　　价： 38.00 元

投稿热线：（020）83000503　读者热线：（020）83000502

网址： http://nf.nfdaily.cn/press/

2011年11月14日，中共中央政治局委员、广东省委书记汪洋，广东省委副书记、省长朱小丹（时任代省长）等省领导与参加2011广东经济发展国际咨询会的全体顾问合影。

■2011年11月14日，中共中央政治局委员、广东省委书记汪洋会见参加2011广东经济发展国际咨询会的全体顾问。

■ 2011年11月14日，中共中央政治局委员、广东省委书记汪洋会见BP公司思文凯顾问。

■ 2011年11月14日，广东省委副书记、省长朱小丹（时任代省长）在闭门会议上作主题发言。

■ 2011年11月14日，广东经济发展国际咨询会举行闭门会议。

■ 2011年11月14日，广东经济发展国际咨询会记者招待会现场。

■ 2011年11月15日，“转型升级、智造先行、深度融合、再创辉煌”专题论坛。

■ 2011年11月15日，“增创金融与科技融合新优势，加快发展新兴产业”专题论坛。

■ 2011年11月15日，“保险，让生活更幸福”专题论坛。

■ 2011年11月13日，广东省委副书记、省长朱小丹（时任代省长）在欢迎晚宴上致辞。

■ 2011年11月15日上午，广东省人民政府与德国弗劳恩霍夫协会签订战略合作框架协议。

■ 2011年11月15日上午，中山市人民政府与诺华公司就诺华公司在中山投资项目签订合作谅解备忘录。

■ 2011年11月13日，通用电气公司举行“GE中国绿色挑战广东省项目启动仪式”。

■ 2011年11月14日，中山大学和卡内基梅隆大学签订共建工程学院及其下设的电子与计算机工程学院协议。

编辑委员会

目录

Contents

序言

改革开放三十多年来，广东充分发挥改革先行优势和发展区位优势，紧抓国际产业转移和要素重组的历史机遇，逐渐发展成为中国对外开放的重要窗口和全球制造业的重要基地，由一个落后的农业省份迅速跃升为经济实力较发达省份，经济总量先后超越了“亚洲四小龙”中的新加坡、香港、台湾，年均增长达到13.6%，是世界同期的四倍之多，成为推动中国经济增长的强力引擎。但我们也清醒地看到，长期以来广东经济快速发展较大程度上依赖劳动力的低成本和资源能源的高投入，产业层次总体偏低、外向程度偏大、自主创新能力不强、资源环境约束突出，转变经济发展方式任务艰巨。2008年国际金融危机以来，这些结构性问题进一步凸显，使广东多年以来的国际竞争优势逐步减弱。当前全球经济复杂多变，不稳定、不确定因素突出，全球经济格局进入深刻调整期。面对这些问题和复杂形势，广东要在新一轮全球经济竞争浪潮中再次脱颖而出，必须牢牢把握时代发展大势，加快转型升级，开创经济发展的新局面。

“十二五”时期是我省深化改革开放、转变经济发展方式的攻坚期，也是加快转型升级、建设幸福广东的关键时期。放眼世界，生物、信息、新能源、新材料、节能环保等关键技术有望实现重大突破，新产业、新业态将不断涌现，全球将迎来以“低碳”、“绿色”为代表的新一轮科技和产业革命，产业转移将从单纯的加工制造向研发、销售等高端环节延伸。我国加快转变经济发展方式的政策体系也将不断完善，广东将迎来加快转型升级的战略良机。为此，广东必须始终突出科学发展主题和加快转变经济发展方式主线，抓住机遇，攻坚克难，科学发展，先行先试，坚定不移加快转型升级，再造经济发展新优势。

为进一步探寻广东未来发展之路，2011年11月14—15日，省政府在广州隆重举行了以“加快转型升级——再造广东经济发展新优势”为主题的2011广东经济发展国际咨询会，来自美日欧三大经济体的15位省长经济顾问与我们一道，展开了一场思维的盛宴、智慧的交融与务实的对话。会上，顾问们对广东产业转型升级等问题作了深刻分析，并以全球化和专业化的视野，对广东如何实现转型升级提出了许多富有价值的意见和建议。本书将会议成果汇编成册，公开发行，希望能使全省人民及时吸收世界先进理念，启发发展思路。

加快转型升级、建设幸福广东，是广东面临的十分重要而紧迫的战略课题。面对新形势、新挑战，我们必须勇担再创广东科学发展新辉煌的历史重任，立足新起点，把握新趋势，再创新优势，满怀信心地为广东的美好明天而努力奋斗！

广东省省长　朱小丹

二〇一二年九月十二日

绪论

在与世界对话中探寻广东转型升级之路

2011年11月14日—15日，以“加快转型升级——再造广东经济发展新优势”为主题的2011广东经济发展国际咨询会（以下简称国际咨询会）在广州市东方宾馆隆重举行。在我省精心打造的这一高水平的对外交流与合作平台上，汪洋、朱小丹等省领导，与来自美日欧三大经济体的15位省长经济顾问一道，展开了一场思维的盛宴、智慧的交融与务实的对话。此次会议的成功举办，不仅拓展了广东的经济发展思路，而且更进一步增强了顾问机构与广东的相互了解与务实合作，对于我省进一步加快转型升级、提高国际竞争力和影响力有着积极的意义。

2009年年底以来，欧债危机迷雾笼罩，世界经济复苏进程困难重重；在广东加快转型升级的关键时刻，产业结构如何调整，转型方向何去何从，亟须借鉴世界前沿的先进理念和创新思维，与来自世界500强企业和著名科研机构的“外脑”们展开务实的对话与交流。

正如中共中央政治局委员、广东省省委书记汪洋在会见全体顾问时所说，这次广东经济发展国际咨询会围绕“加快转型升级——再造广东经济发展新优势”问计各位洋顾问，就是希望充分借鉴大家的智慧和经验，帮助广东在转型升级上少走弯路、少交学费。

事实上，国际咨询会不仅给我们带来洋顾问对当今全球产业格局调整趋势的深入剖析，对广东产业转型升级决策参考的真知灼见；而且更重要的是，借助国际咨询会这一平台，广东还能向世界著名跨国企业传递出构建开放合作新格局的积极信号。

在全球坐标中的定位

转型升级不仅仅在广东唱响，也已成为当前世界各国的共同选择

本届国际咨询会召开的国际经济环境背景格外与众不同。不论是在提交的咨询报告中，还是在接受媒体记者采访时，各位顾问对国际经济趋势的预判均偏向于谨慎乐观。

野村控股株式会社会长（董事长）古贺 信行说，现在整个世界都处于较大的困难中，发达国家经济基本处于停滞状态，并且伴随着欧债危机和经

济放缓，全球同时出现多种难题，这是人类历史上没有出现过的局面。

在本次国际咨询会记者招待会上，广东省省长（时任代省长）朱小丹也坦言，受全球经济增速放缓的影响，广东已经出现比较明显的外贸进出口下行趋势，所面临的巨大挑战“不亚于2008年”。

在这个全球化时代，作为“地球村”的一员，任何经济体都难以独善其身。

可以说，国际金融危机不仅重创了世界经济，而且同时也暴露了世界经济发展模式的缺陷与不足，促使世界各国，不论是发达经济体，还是发展中国家，在采取措施促进经济恢复的同时，也都积极探索调整自身发展模式，以适应未来发展的需要。转型升级不仅仅在广东唱响，也已成为当前世界各国的共同选择。

连续五次参加国际咨询会的德国弗劳恩霍夫协会主席布凌格教授说：“参加了这么多次国际咨询会，我发现不论是以前的省长还是现在的代省长，他们的注意力都在节约型、集约型的新的经济发展模式上。通过和他们的交流，我们双方都感到应把注意力放在一些新的领域，用全新的视角来发展。”

据统计，过去7次国际咨询会上顾问们共提交了140份共约200万字的咨询报告，提出了200多条咨询建议。这些建议有的已经融入广东省的战略规划和宏观政策之中，有的已经运用到具体的产业发展，产生了明显效益。洋顾问新思维成为推动广东转型升级的一股重要力量。本次国际咨询会15位顾问提出了53条建议，不少都很具实操性。

在引入世界眼光谋划转型之路上，广东正在新一轮全球经济结构调整中找准定位，寻找机遇，谋求突破。

新加坡转型启示录

唯有打通服务业与制造业间的梗阻，才能让产业间的血液更加畅通

经济总量连续22年位居全国第一的广东，面对发展的资源、能源瓶颈制约，转型升级方向在哪儿？着力点和突破口在何处？如何少走弯路？

事实上，在国际咨询会连续12年的见证下，广东经济先后超过“亚洲四小龙”中的新加坡、中国香港和台湾地区，2010年人均生产总值折合近7000美元，其中珠三角人均超过1万美元。

然而，在UPS公司国际总裁丹·布鲁托眼里，广东经济总量虽然超过新加坡，但仍要向新加坡学习如何转身的成功经验。丹·布鲁托表示，广东与10年前的新加坡处境类似，是能源消费大省，却是资源小省，同时产业又面临转型升级的压力。

10年前，新加坡在“前有强敌后有追兵”的处境中，对其发展战略进行了评估，最后将自身定位为马、泰、越等国制造企业的供应链“神经中枢”，从而打通了物流在国家发展中的“大动脉”作用，吸引高端制造围绕物流中心布局，成功进行了经济转型。

“师夷之长技”谋转型。如今，广东也在转型升级的路上布下横琴、前海、南沙“三子”——“比特区还特”的横琴、深港现代服务业合作区的前海、国际智慧滨海新城的南沙，“三子”无不体现了珠三角转型升级、科学发展、先行先试的基本诉求。

目前，在经济发展领域，广东实现以先进制造业和现代服务业为双轮驱动，使全省产业结构转型升级取得新突破。2010年，广东三次产业结构为5.0∶50.4∶44.6，第三产业与第二产业呈现齐头并进的态势。

丸红株式会社会长（董事长）胜俣 宣夫表示，广东在制造业领域的水平较以前有了大幅的提升，进一步提升要在生产性服务业上突破，日本产业的“供应链”管理机制（SCM）就是一个打通制造与流通链条的关键环节。

唯有打通服务业与制造业之间的梗阻，才能让产业间的“动脉血液”更加畅通。

2011年3月，广东出台《生产服务业与制造业融合发展行动方案》，拟促进产业链上下游相互配套，从而加速产业转型升级。

在本届国际咨询会闭门会议的主题发言中，朱小丹表示，广东将“把产业结构战略性调整作为加快转型升级的主攻方向”，从而形成以市场化、高级化、信息化、国际化为导向的产业结构调整格局。

破解广东创新难题

创新没有国界，要突破自我限制，在全世界、全社会配置创新资源

在本次广东经济发展国际咨询会上，广东对于创新的关切溢于言表。

在闭门会议期间，广东省省长（时任代省长）朱小丹就创新向“洋顾问”连提三个问题：本土企业如何与外企联合创新？跨国公司建地方研发中心有何考量？广东如何形成良好的创新系统？

从2010年开始，广东连续两次面向世界引进创新科研团队和领军人才，给予最高可达1亿元人民币的科研经费，一举吸引了包括诺贝尔生理学或医学奖得主克雷格·梅洛、诺贝尔化学奖得主杰马里·莱恩等顶尖人才；2011年10月20日，中国迄今为止最大的科学装置“中国散裂中子源”在东莞奠基……广东对提升创新能力的渴望由来已久。

摸不着，看不见，创新之路怎么走？值得注意的是，多位洋顾问给出的答案是：开放创新。“现在世界上所谓的创新并不是完全自我创新、封闭创新，而是一种开放的、合作的创新。”通用电气副董事长庄睿思如是定义。

比如，如何利用跨国公司的资源进行创新？据统计，目前中国原创专利中有近一半是授予外资跨国公司在华子公司的。庄睿思认为，无论是在生物、纳米、半导体还是市场营销、制造业领域，创新都变得非常复杂，不能由一家公司单独完成，需要众多有专长的企业联合起来，进行合作创新。

为此，美国艾默生电气公司总裁兼首席运营官孟瑟提醒广东，如今许多欧美跨国公司正考虑在新兴市场国家设立研发中心，广东可抓住机遇，吸引更多跨国公司研发中心落户。

这些智慧诠释了同一个概念——“开放创新”。创新是没有国界的，是没有机构界限的，要突破自我的限制，就要在全世界、全社会配置创新资源。

在本次国际咨询会上，广东首次与国外大学和研究所等非企业机构签约，如中山大学与闻名世界的卡内基梅隆大学和广东省政府与德国弗劳恩霍

夫协会的签约合作。

可以展望，开放创新观念以及逐步构建起来的开放创新体系，将在会后逐步铺陈开来，为广东自主创新战略注入新鲜思维。

引入全球资源，破解广东创新难题，这或许是本届广东经济发展国际咨询会留给我们的最重要启发之一。

第一章

顾问建言

【提要】

在2011广东经济发展国际咨询会的闭门会议上，各位洋顾问围绕“加快转型升级——再造广东经济发展新优势”的会议主题，分别就会议主题和“发展生产服务业与提升服务业水平”、“培育新兴产业与促进制造业高级化”、“推动开放条件下的创新合作”等三个分议题提出了精辟见解，进行了热烈讨论，交流了看法和思路。

归纳起来，此次会议体现出三个鲜明特点：

专业性强。此次到会的经济顾问其所属公司都是世界500强企业或国际著名学术科研机构，在资金、技术、管理、营销、战略研究、资讯等方面都具有突出优势，处于国际领先地位。特别是15名经济顾问中，既有跨国公司的商业领袖，又有国际顶级研究机构的专家。各位顾问从本领域专业化的角度思考广东未来的发展，提出的咨询意见体现了对当前国际经济形势的深刻理解和准确把握，这些专业的建议，将为广东在相关领域缩短与世界的差距提供有力支持。

前瞻性强。各位顾问的发言和咨询报告站在战略和全局的高度，紧密结合国际和广东的实际，提出了许多新的理念和思想，体现了当今引领世界潮流的新思维、新技术、新做法。

务实性强。各位顾问结合广东发展面临的新形势、新任务、新机遇，提出了不少非常有针对性的意见和建议，很多都具有很强的操作性。

第一节　发展生产服务业与提升服务业水平

【题解】

近年来，生产服务业引起了世界各地的广泛重视。随着经济的全球化和分工的专业化，在国际产业链条中，终端产品中制造环节创造的增加值比重不断降低，生产服务业增加值比重越来越高，发展生产服务业成为建设高水平现代服务业的基础。

作为广东加快转型升级的重要方向，广东生产服务业近年来取得了显著发展：从2005年到2010年，广东生产服务业增加值从5684亿元增加到12551亿元，年均增长12.6％，高于同期GDP和服务业的年均增速，生产服务业增加值占GDP和服务业增加值的比重分别由25.2％和58.2％上升至27.3％和60.6％。广东已经形成门类比较齐全、总量规模比较大、市场化和对外开放程度相对较高的生产服务体系。

目前，国家已赋予广东建成世界现代服务业基地的战略目标。广东正积极推进生产服务业的发展，以现代服务业大发展带动广东新一轮的产业转型升级。一是进一步扩大生产服务业规模，重点发展金融保险、现代物流、信息服务、科技服务、商务会展、总部经济等；二是努力提高生产服务业发展水平，强化生产服务业在服务理念、服务方式、服务技术、服务标准等方面与发达国家（地区）的对接，推动服务业向附加值更高、技术含量更大、文化内涵更丰富的方向发展；三是积极促进生产服务业创新，鼓励发展总承包式和总集成式生产服务，大力发展云计算电子商务、物联网、电子认证、电子物流等战略性新兴生产服务业；四是加快推进生产服务业国际化，积极承接国际生产服务业转移，同时实施生产服务业"走出去"战略。

但广东的生产服务业尚处于起步阶段，进一步推进生产服务业发展仍面临着许多问题。比如，如何推动生产服务业，特别是信息服务业与制造业的联动发展，促进信息化与工业化融合，如何强化金融等生产服务，推动新兴产业发展，如何建立健全人才、资金、技术等要素支撑体系，完善市场化的体制机制，推动生产服务业健康快速发展，如何营造更好的投资环境，促进生产服务业国际合作等。

顾问们所在的国家、公司生产服务业发达，不少还以生产服务业闻名于世。2011广东经济发展国际咨询会设置了"发展生产服务业和提升服务业水平"的分议题，旨在就此向顾问们求教，开阔视野，拓宽思路。

一、聚焦社会保险

（一）建立完善的企业年金制度

忠利集团执行总裁巴比诺特：中国已经结合本国实际情况成功实施了世界银行提倡的著名的三大支柱养老金方案的形式。

与其他省份相比，广东省在养老金制度的实施中具有两大亮点。首先，在养老保险基金管理的工作上，广东省实践最佳，领先于中国其他各省份。其次，广东省的财政对于养老保障的鼓励政策比其他省份更有利，所以，广东有创新监管和项目试点的空间。

广东私营经济活跃

广东有充满活力的私营经济体，分布在城乡，主要由中小企业以及日益增长的中产阶级家庭组成。这些组成部分基本上没有被主流养老保险制度覆盖和服务，包括没有享有最近创建的主要针对大型企业（主要是国有企业）的第二支柱——企业年金制度的服务；两个主要障碍是缺乏足够的财政刺激和占比非常高的企业应支付部分，在中小企业居多的私营经济体，这一较高的企业需要支付的比率阻碍了企业充分参与第二支柱的积极性。

职业养老金的概念（在中国称之为企业年金EA）最初是在20世纪90年代末被引入中国的养老金制度里的，当时中国政府正开始实施世界银行推荐的多支柱化养老模式。经过十多年的发展，中国的许多企业已在自愿的基础上建立了补充养老金基金。

在集体养老金方面，中国已进行了一定的安排。例如，在中国不同地区的本地企业年金管理中心正在有效地运营集体养老金基金。目前的产业基金管理了历史遗留下来的企业年金，这也是集体养老金基金这个概念在中国市场上的主要存在形式。

目前中国已经在11个主要行业建立起了企业年金计划，这11个行业包括电力行业、铁路行业和石油行业、交通、通信、水利、航空、有色金属、建筑、煤炭和（国有控股的）金融机构。

在个人养老保险计划方面，中国并没有特定规定。对那些或因雇主不提供（如在很多中小型企业里）或因自谋职业而无法加入企业年金计划的劳动者，寿险产品、定期存款、信托基金和包管账户都在视他们为潜在客户，以期望这些劳动者能够选择自己的产品作为长期投资。

倡议建“集体养老金基金”

对于如何推动和改进企业年金市场，建议主要着眼于三个方面：

1. 完善分配机制（特别是对于中小型企业）

现今的企业年金（EA）机制在补充养老金也就是第二支柱方面并未充分覆盖到私营经济行业的劳动者及其家人。怎样才能更好地覆盖这些在私营经济体的劳动者？在此，我们提议建立“集体养老金基金”机制，该机制也适用于广东的情况。

尽管目前在广东已有一套养老金基金税收优惠制度，但仍然存在如何通过合适的分配渠道惠及私有/非正式行业的大问题。必须区分趸售分配渠道和零售分配渠道。中国的大多数养老金制度都基于“趸售”的分配机制。这种机制源自国有企业同时为在职职工（及退休职工）提供工作和福利服务这一历史传统。

新引进的企业年金制度可为任何类型的企业所引进，但这种制度仍基于趸售分配机制，其服务于国有企业或外资企业等大型企业。金融中介（托管资产管理经理等）首先与该公司签署一份协议，随后公司的劳动者则可以加入企业年金计划。团体寿险政策也存在类似的趸售机制。

可以肯定，趸售分配机制的覆盖范围会随着时间的推移而扩大，因为企业年金机制还是一种相当新颖的方式。但基于他国经验可知，该机制存在一个最小企业规模阀值，在阀值之下，趸售系统将无法营利，因此有必要建立一种零售机制（保险代理人/理财规划师），从而为个体劳动者提供建议。

为达到这一目标，可比照经合组织所提出的以下建议形成一套恰当方案。集体养老金基金（CPF）主要有两种模式，即产业基金和集合信托，这两种模式又可按两种标准进行分类：成员资格和管理模式。封闭式养老金基金的成员资格仅向特定产业开放，而开放式养老金基金的成员可来自任何公司。集体养老基金的管理模式也可分为两种：通过内部模式（如中国的养老金基金会）管理，由雇主和雇员指定受托人，或通过外部模式（如中国目前的企业受托人）管理，由金融机构担任专业的商业受托人。前一种模式以在荷兰和丹麦占统治地位的产业基金为代表，而后一种模式的实例则包括某些经合组织国家（如澳大利亚和美国）的集合信托以及中国香港所实施的集成信托计划。

2. 产业基金

典型的产业基金形式覆盖那些虽不在同一企业工作但却在同一行业中工作的劳动者。常见的变体是劳动者（可能来自不同的行业）联合起来，参加同一多雇主计划。在上述两种情况下，工会和行业联盟在设立和管理该计划上都起着重要作用。

3. 集合信托

除产业基金，包括世界经合组织国家和中国香港等在内的发达经济体中的另一种常见集体养老金基金形式为标准集合信托。从定义上看，集合信托对所有企业年金计划的参与企业开放。这种安排广受欢迎，主要原因在于计划参与企业易于加入和操作，且金融机构出于商业原因进行了大量的推广工作。

典型的集合信托是金融机构在养老金市场上投放的一个标准化的投资产品。在这种情况下，任何有兴趣的计划参与企业（不必同上述行业基金一样处于相同行业）只要商定费用和投资策略等都可以建立或购买这种基金。

通常由雇主（而非劳动者）决定选用哪家服务提供商或金融产品。

（二）广东经济成长期的企业福利策略

MS&AD保险集团控股公司董事总经理兼首席执行官江头 敏明：在经济成长期，企业通过充实福利制度来确保员工的录用及留用。在经济稳定期，也有企业将福利制度作为人才战略的一个环节。

企业福利是稳定员工的重要手段

企业福利制度可以追溯到产业革命开始的18世纪。在18世纪70年代，英国棉纺织行业开始出现一些企业为了员工而建设住宅、学校、教会等新现象。

美国最初实施福利制度也是起源于纺织工业。在19世纪初期，马萨诸塞州的纺织工厂为了留住离开父母出来工作的附近农民的子女，开始完善居住、饮食等基本的生活条件。由于设立工厂的地区连最基本的基础生活设施也没有，所以企业除了设立医院、学校、图书馆之外，甚至还设立了银行。

更有甚者，从19世纪末到20世纪初，欧洲移民大量涌入美国，为了让这些语言、生活习惯迥异的移民适应工厂的劳动需要，企业对他们进行了英语以及基本生活方式培训。劳动环境恶劣、工资低下，移民劳动者们不断地跳槽，引发劳动纠纷。企业的福利制度被认为是解决上述问题的一剂良药，被迅速普及开来。

在日本，进入20世纪后，在企业独自推行的福利制度中，开始出现一部分具有法律强制力的制度，明确了企业对工伤的责任，除大型企业外，中小企业也开始设立医疗保险制度。此外，退休金的积累及厚生年金保险制度也成为强制制度。日本法定福利制度诞生了。

随着全民医疗保险的实施，厚生年金等国家年金制度的落实正式确立，1973年被认为是日本福祉元年。国家社会保险中，医疗保险、年金保险等为企业与员工对半承担保费，使得企业承担了一部分社会保险保费。

在二战后的高度发展时期，稳定性被认为是日本经济成功的原因。在高度发展期，企业发展速度非常快，因此比起从外部吸收人才，更需要企业自己培养人才。对于花费很多心力培养的人才，企业要求他们长期为其工作。如此一来，对企业而言，终身雇佣制的必要性便应运而生。通过导入资历薪金制，即使年轻时薪金较低，只要长年效力于某个企业，其薪金水准就必然能提高，从而激励了员工长期为企业工作。

为了进一步确保员工留用率，终身雇佣制的企业还推出了自己的福利制度，强化了非法定福利制度。作为终身雇佣的员工，企业即使进行长期投资，也能确保投资回报，这使公司斥巨资修建单身宿舍或单位宿舍，导入设施型制度成为可能。在高度发展的初期阶段，确保员工住宿是一个很大的问题，因为这有利于维持企业的稳定性。

为长时间与员工保持良好的共存关系，企业还需要其他设施和制度来加强相互之间的密切交流。于是企业以构建集体主义组织为目的，开始提供各种福利，包括各种娱乐设施、全公司活动、运动会等，努力让员工能更加愉快、更加人性化地工作，以此提高员工对公司的热爱程度。

政府应与企业携手普及福利制度

中国企业员工的离职率高，人才的确保及稳定对中国企业来说是人才战略方面最关心的事情。建议中国企业应当关心以下事情：

1. 作为制度的福利以及额外奖励

中国社保制度是比较优厚的，但再好的制度如果没有内涵，也不会被劳动者所支持。在招聘高级员工时，以及为了增加企业对员工的吸引力，除了提供充实的福利待遇之外，企业还需要提供一些其他动力。

以海底捞火锅为例，这种动力就是对员工的信任和权限的下放。伊藤洋华堂则对员工像家族般（人文关怀）重视、教育。信赖与人文关怀虽同属于精神层面，但上述公司将其具体化了。在海底捞火锅，权限下放以具体金额的形式体现。另外，海底捞火锅的管理者与员工、干部像家族般抱成一团，公司经营者认为：比金钱和制度更重要的是启发员工把公司（领导者）像家族成员一样看待。

福利待遇是让员工热爱公司的一种手段，但是如果没有额外奖励措施，就不能充分发挥其作用。

2. 与保险相结合的福利措施

为了得到稳定的劳动力保障，作为风险对策的一种，日本企业将保险与福利待遇补偿相结合，如“非法定工伤（工伤综合保险）”、“工作外伤害补偿（综合福祉团体定期保险）”等，就是企业补偿制度的代表。此外，日本企业还制定了自愿加入制度，提供如“团体人寿保险”、“团体医疗保险”、“团体所得补偿保险”、“团体合同（汽车、家庭财产）”等，相比个人投保，能够在保费上得到优惠。

员工可以通过公司以较优惠的条件加入保险，这对提高企业向心力有积极作用。在逐渐富裕起来的中国，员工从自身角度出发，保险需求将会增加，可以预见对相应福利制度的需求也将会增加。广东省政府应该作为先驱者，在经济快速成长的时期率先实现“确保优秀人才”、“提高人才的归属感”，与企业携手共同努力普及相应的福利制度。

3. 精神健康援助方面的福利制度

近年来在欧美各国及日本，心理疾患正逐渐成为社会问题。企业可以通过福利制度作为保持和强化员工心理健康的手段和措施。社会竞争激烈容易使人们的紧张程度增加，因压力导致的精神疾患也会增加。与其他国家相比，现代中国社会经济发展速度迅猛，因此社会压力也在不断积蓄。实际上，中国员工受到精神伤害的比例在上升，导致诸如富士康员工自杀事件等糟糕事态发生，而希望充实企业在心理卫生疾患方面福利制度的呼声很高，由此可预见企业在应对心理疾患方面的对策将会变得越来越重要。

在心理卫生疾患对策方面，灵活运用职员援助程序（EAP）服务以及团体长期残障收入补偿保险（GLTD）等是有益处的。作为一种趋势，企业将这些服务和保险措施加入到公司福利制度中的情况今后会越来越多。

二、发展生产服务业

（一）信息通信技术将改变生产面貌

富士通株式会社会长（董事长）间塚 道义：回顾这十几年间ICT（信息与通信技术）服务产业的迅猛发展，信息的生产、传递、管理等变化是众所周知的。但信息的生产、传递和管理不是目的，仅是手段。人类可以通过信息通信技术的发展达到产业的效率化，实现节约能源的目的。

当然ICT服务产业从现在起将面临新的发展和变化，主要是如何保证信息网络的安全性，最好的解决方法不是由单独的企业自行进行数据管理，而是由专业企业组建的网络数据中心（IDC），来保证管理的安全性。

信息通信服务将进入成熟期

今后，在产业发展和改善生活时运用的信息通信技术将会起到比目前更重要的作用。

产业面貌预期将发生很大变化，使得产业的高附加值迅速提高。以农业为例，传统的农业和畜牧业大都依赖农民的经验。但ICT技术把农民的经验数据化，与农业相关的温度、湿度、肥料、病虫害、收获期等通过ICT网络管理，全过程可以得到最优化组合。

制造业同样如此，迄今为止的十几年间，制造业第一线已经发生很大变化。制造业的根本就是质量管理和成本管理。高质量零件的大量生产过程中，如何降低不良率是多年的课题。再有经验的熟练工人也无法把零件的合格率提高至100%。但是如果在制造工程中导入数据化的机械控制信息，零件制造合格率就可以达到100%。同样，在原材料的购买和产品的库存管理过程中，信息通信能起到重要作用，优化成本管理。

今后，ICT服务产业的发展将从目前的产业内部以及企业内部的信息分享，迅速发展到产业间以及企业间的信息共享。其中典型的例子就是e-Hospital，即电子病历的普及，这意味着数据库化的医疗病历等医疗信息的共享。多个医院或同一区域的医院共享一个云，不仅可以减轻患者的负担，而且也可以减轻医院和医生的负担。

同时，ICT服务产业的发展将使人民生活得到质的提高。如果到目前为止的十几年算作ICT服务产业发展的创始期和成长期，那么从现在开始将进入成熟期。根据很多调查显示，人们在生活中使用ICT的现状依然是网络购物和游戏等娱乐占很大比重。从现在起，云计算的发展可以实现远程医疗，生活方式可能发生很大的变化。

以信息通信技术改造“世界工厂”

中国目前是制造业大国，被称为“世界工厂”。但是经过30年的经济发展，中国的人工费急速上涨。人民币也在逐渐升值，自2005年7月的节点切入观察，到目前为止已经累计升值20%以上。

中国在短期内难以缩小制造业的比重，但是也难以实现到目前为止如此众多的制造业的规模扩大。回顾对于中国经济起到重要作用的制造业，为了达到新的成长目标，中国必须强化以ICT为中心的服务产业的新原动力。

中国为何要发展以ICT为中心的服务呢？首先，制造业的就业效果已经达到极限，ICT作为吸取新兴就业力量的平台在服务产业将起到关键作用。

国际制造业竞争激烈，导入信息通信技术可以使制造业的库存管理、质量管理、技术开发和财务管理等进一步合理化，为强化制造业的技术和提高效率作出很大贡献。

从宏观经济角度分析，目前中国经济成长因向第二产业倾斜，故将会慢慢减速。为保持经济增长，促进以服务产业为中心的第三产业的发展非常重要。为了提高消费意愿和振兴内需，信息通信电子商务起到重要作用。针对物流和流通领域等服务产业，信息通信技术掌握着关键环节。

中国的因特网使用者的增长率不断增长，促使IT服务产业急速发展。但因特网仍然是浏览信息的道具，以及年轻人网上购物的渠道，通过IT服务产业的发展实现产业结构和经济结构的转换尚未实现。究其原因有以下几点：

第一，政府和业界的放宽管制进程缓慢。强化现有产业与IT服务产业的联手必不可少，但是现在的直线型行政阻碍了合作。例如汽车导航系统的普及尚待改进，因地图信息由多个政府部门所管辖，影响了汽车导航系统的普及进程。医院的医疗信息共享也面临障碍。中国的医院根据其隶属关系和规模分为三甲医院、二级医院和一级医院。因各医院所隶属的行政管理部门各不相同，导致医院之间的医疗信息共享进展缓慢。所以发展因特网服务产业，需要在放宽管制的同时，果断地进行行政改革。

第二，IT战略上存在误区。目前为止，中国的IT战略主要是IT技术的开发和电脑制造技术的获取，相对而言比较忽视构筑网络。电脑信息管理已经进入云计算时代，但中国的因特网数据中心尚未建立，目前信息和数据管理都依托各企业自行设置的服务器，其弱点是保存信息的服务器容量有限，也存在严重的安全问题。

第三，从硬件向软件的转变缓慢。中国的电脑制造技术和生产能力已经接近世界第一，但是软件开发却远远落后于其在硬件界所处的地位。究其原因在于本地供应商规模小，专业能力薄弱。为实现今后IT服务产业的飞速发展，必须培育扶植本地供应商。

（二）发挥综合商社在生产服务领域的功能

丸红株式会社会长（董事长）胜俣 宣夫：为推动广东经济持续长期发展，广东一方面要通过促进产业结构的转型、高端化，来维持并增强广东省企业的竞争力；另一方面要促进经济发展由外向型向内需导向型的转变，倡导以消费为主导的经济发展模式。

这其中，广东省政府应该发挥的作用包括：加大研究开发费用的投入，促进技术创新、推进城市化促进消费市场的成长、提升劳动分配率维持家庭收入的稳步增长等。

在企业活动方面，“完善生产性服务体制”是关键，包括物流、金融、信息、仓储、保险功能等。此外，还要完善国内销售网络、品牌战略、售后服务等以有助于激发消费市场的成长。完善以上这些面向制造业的服务，促进制造业与服务业的“合作”与“融合”，是广东省的一个重要发展方向。

结合丸红的事例，建议广东应该加强“SCM（Supply Chain Management：供应链管理）”。

认识“组织者”综合商社

以汽车业为例，SCM是指供应链中的零部件生产企业、组装企业、经销商等参与企业，通过相互之间的信息共享与合作，来实现供应链整体利益最大化的经营手法。

战后日本经济复苏过程中，综合商社成了贸易主角。但随着贸易规模的增加，日本的生产企业积累了进出口经验，并且逐渐拥有海外的人才、办事处，也可以使用外汇。商社单纯的商品买卖的商务模式难以维持，必须进行战略转型。

当时商社的选择是加强事业投资。商社灵活运用长年以来积累的商务知识、经验、在海外的网络、IT（信息技术）、LT（物流技术）、FT（金融技术）、MT（营销技术）等，通过进行投资不断满足顾客的各种需求，为顾客提供更多的解决方案，实现了商务模式从被动向主动的转型。

经过不懈地努力，商社在各个事业领域中，通过投资参与整合了从上游原材料采购，到下游零售的整条供应链，这样不仅可以为顾客提供更高质量的服务，而且同时也可以享受投资与交易带来的双重利益。商社的供应链的构筑范围最初主要是在日本国内，后来在全球经济一体化的潮流下，商社的供应链也逐渐拓展到了海外。商社也从单纯的贸易公司，成功地转变为拥有自己的供应链，以贸易与投资为两大支柱的综合性集团企业。

需要注意的是，综合商社的投资目的与投资银行不同。投资银行的主要目的是通过提供金融功能，收取手续费与投资回报。而综合商社投资的主要目的是通过整合供应链巩固、强化既有商务业务，或者是为了拓展新商机。而且商社的投资一般是长期投资较多，也通常会委派专人负责。

在传统的商业交易、信息、物流、金融功能的基础上，商社增加了事业投资经营功能、风险管理功能，成功地转型为“组织者”。

以食品业务为例，丸红整合了从上游到下游的整条供应链，在供应链的各个阶段实现交易与投资收益的最大化。

具体而言，除了整合了谷物原料的采购、饲料加工、肉产品加工等各个环节形成了饲料畜产一条龙的供应链之外，丸红还加强了批发与零售的融合与合作，在消费者的立场上完善了为消费者提供所需商品的食品流通网络。

在原材料采购方面，丸红一年所经销的玉米、大豆、小麦、大麦等谷物达到2000万吨，占世界贸易量的7%左右，拥有绝对的实力。丸红在世界主要的粮食产地以及消费地拥有自己的物流网络，经销大量的谷物，其规模效益是丸红能与世界著名的谷物公司匹敌的最大的竞争优势。特别是其在美国西海岸经营谷物出口基地的独资子公司“哥伦比亚谷物”，拥有跨越北美6个州的谷物集货网络，每年出口400万吨以上的谷物到世界各地，占到美国西海岸谷物出口的30%，这是丸红在谷物采购方面最大的优势。

在生产与加工领域，丸红也投资参与了多家企业。比如，使用丸红进口原料进行混合饲料加工的子公司“日清丸红饲料”、进行食用油加工的合资公司“日清奥利友集团”，还有畜产以及进行相关产品的加工制造的100%子公司“丸红畜产”等。

在批发流通与销售阶段，丸红将以下批发公司纳入旗下，如批发公司

“山星屋（2010年度日本糕点批发销售额第1位）”、冷冻食品批发公司“纳克斯中村”等。

在零售流通方面，丸红主要致力于对食品超市的整合。投资了“大荣”、“丸越”、“东武超市”等，还与“相铁Rosen”开展业务合作。

中国批发业等中间流通业为何不发达

关于广东省如何引进SCM，丸红有两点建议：第一，作为SCM的一个重要环节，需要首先强化“中间流通功能”。第二，引进SCM可以首先探讨食品领域。

在中国，批发业等所谓的中间流通业并不发达。我们认为其原因应该有以下两点：第一，生产企业涉足批发业务。在计划经济时代，产品统一由国有批发企业收购销售，但改革开放以后对生产企业也放开了流通权，生产企业可以不通过批发公司直接销售生产的产品。第二，零售业注重直接采购。随着传统的国有批发流通结构的瓦解，零售业（包括外资）可以直接向厂商自由采购商品，特别是欧美大型零售企业习惯于直接从生产企业进货，一般情况下会成立自己的配送中心，实现从生产企业到零售店铺的一站式流通。这也是中国批发业没有发展壮大起来的一个原因。

但是，生产企业与顾客之间有中间流通企业介入的话，整体交易成本其实将会有所下降，中间流通企业还可以提供物流、信息服务、金融、仓储等全套的管理与服务。丸红旗下企业“丸红汽车”提供的“统合物流服务”就是一个典型案例。

广东人口众多，食品加工市场规模在全中国也屈指可数，我们认为在食品领域试行引进SCM的可行性比较大。

（三）打造世界级物流网络

UPS公司国际总裁丹·布鲁托：改革开放30多年来，广东省的经济取得了令世人瞩目的成就。2010年，广东创造的GDP占整个中国GDP的比重接近

12%。“十二五”期间，广东又制定了宏伟目标，致力于通过加快产业转型升级将广东省打造为全球现代产业基地及中国战略新兴产业国家基地。没有世界级的物流网络和物流服务能力，不可能实现上述目标。

物流业之于新加坡转型

新加坡和广东省的目标一致。十年前，面临亚太地区各国激烈的竞争和中国及印度日益强大的制造产业和不断提高的制造水平，新加坡对其经济发展战略进行了重大评估，致力于通过转型升级将其打造为全球化的知识经济。当时，评估小组给新加坡政府的建议是以发展制造业和高附加值服务业作为经济发展的双引擎，把新加坡打造为全球经济网络的重要节点。

鉴于物流服务能力在这一发展战略中起到至关重要的支撑作用，新加坡政府开始全力发展物流业。

考虑到良好的物流和连接性在促进经济发展和提高竞争力方面的作用，新加坡政府在确保基础设施建设方面不遗余力，其中包括物理性基础设施建设（道路、港口、机场等）和软设施的建设，即支持其与全球市场连接的政策和法规。

在基础设施方面，新加坡政府尽全力建设世界顶级的基础设施，以满足商业需求，促进经济增长。

新加坡的海港和空港每年支持1.2万亿美元的国际贸易和投资，构成了其超级物理性基础设施的重要组成部分。新加坡的集装箱码头是公认的世界最繁忙的海港之一，2010年处理了世界1/6的转运集装箱吞吐量；樟宜国际机场连接着60个国家的200多个城市，每周航班达5400架次，为客运和货运均提供了便捷、有效的连接。

新加坡还将自己定位为马来西亚、泰国、越南等国制造企业的分拨中心，通过东盟来加强它与其邻国的陆路连接性，例如，新加坡—昆明铁路项目计划建设7000千米，连接八个国家的主要城市。

在软件方面，新加坡作为一个严重依赖出口和全球贸易的小国，实施广泛的开放政策，以确保货物的有效流动和进出境。

新加坡政府实施了自由开放的航空政策，已经和100多个国家和地区签署了航空服务协定，包括40多个开放天空协定。

新加坡已与24个贸易伙伴签订了18个区域和双边自由贸易协议。自由贸易协议如同超级高速公路，把新加坡和世界主要经济体、新兴市场连接起来。

早在20世纪80年代中期，新加坡贸易发展委员会就已牵头负责加快信息技术的应用，建立起一套覆盖全国的电子化贸易文件处理系统（TradeNet系统），贸易商可以在网上提交进出口许可申请，各相关政府部门也可以在网上进行受理和审批。

为把货物运输文件和贸易文件结合，TradeNet系统又被连接到PORTNET系统，这是世界航运界首个全国性的单一信息系统，这一门户系统把船公司、承运人、货运代理和政府部门全部连接起来，为其提供广泛的网上服务，例如预订舱位、船或卡车预订、账单管理、海关清关、与政府部门进行信息交换等等，从而提高了整个信息流的效率，实现了各方的同步操作。同时，PORTNET系统也是2007年世界银行将新加坡评为世界第一物流枢纽中心的关键因素之一。

此外，新加坡还致力于吸引世界领先的物流服务供应商，同时将其自己定位为物流方面的思想领袖。这使得新加坡在与其他国家的竞争中脱颖而出，保持着其世界领先物流中心的位置。

目前，新加坡的跨国公司总部数量超过4000家，其中财富500强企业总部占到1/3以上。今天，许多希望到中东、印度等新兴市场投资的跨国企业还在利用新加坡作为进入这些市场的跳板。

新加坡的全球连接性和一流的物流服务能力是其竞争力的核心，它使得新加坡更加接近客户、市场和生产设施，市场准入更加透明、便捷，人力资源和分销渠道的获取更加方便，从而大大降低了企业的运营成本。

物流业支持粤制造业升级

在“十二五”期间，广东将致力于加快产业结构调整和升级，打造重要的世界现代产业基地和中国的战略新兴产业基地，重点发展先进制造业和现代物流业。虽然广东一直是汽车、化工、石油、高端设备、造船等先进制造业的基地，但仍需要进一步提高其物理和软基础设施，以支持这些产业的发展。为加快实现上述目标，广东应继续通过下述措施提高其在物流领域的竞争力：

加强连接性。现代制造业和现代服务业的发展，如金融服务业和战略新兴产业，都越来越依靠高效、快速地在全球配置高价值、高时效的部件。因此，广东应通过开放天空政策，进一步加强与其他市场的空运连接性。为主要航空公司提供全面的航权，特别是第七航权，使其更灵活地以广东为中心部署其网络，加强广东与世界的连接。同时，货运航空公司在起降时刻方面应享有更多灵活性，更加有效、便捷地满足客户需求。

为进一步加强广东与台湾地区的经济融合，考虑到广东省地域广阔，只指定广州白云机场一家为两岸货运直航点显然不够。处于深圳的高科技企业可能由于转运时间和竞争力的考虑，不愿通过广州转运，这可能影响到那些依赖与台湾地区之间便捷航空连接的相关行业。建议广东开放除广州以外的其他航点为两岸货运直航的航点。

为推动产业转型和升级，广东应进一步与中国香港实现一体化。但由于目前不再增发粤港直通车牌照，这对跨境便利运输构成了障碍，广东应在向物流公司发放粤港直通车牌照方面提供更多便利。

提高广东转运国际运输的通关效率十分重要，这需要不同关区海关的支持。建议广东与其他省、市的关区进一步加强合作，推动不同关区间货物的转运。同时，建议海关进一步应用高科技手段和风险管理机制，提高海关效率。

吸引领先的物流公司。建议广东在定义区域总部方面适当灵活，以吸引更多的物流公司。现代物流的含义广泛，包括运输、仓储、清关、IT开发、物流金融等，因此所有在广东注册、提供全球或区域总部支持和总部相关服务的公司都应被认定为区域总部，享受一系列鼓励措施，包括特别奖励、税收优惠和返还等。

人才方面。建议广东与行业、院校和研究机构合作，为培训合格的员工和物流专业人才提供定制的培训，以满足不断发展的物流业需求。

第二节　培育新兴产业与促进制造业高级化

【题解】

当前，国际经济格局深刻调整，一场新的科技革命和产业革命正在蓬勃兴起，全球进入了创新集聚爆发和新兴产业加速成长时期。发达国家和新兴市场国家普遍加大力度支持新兴产业发展，加快发展高端制造业，并将其作为抢占新一轮国际经济竞争制高点的重要战略。

在此新形势下，把握历史机遇，培育发展新兴产业，促进制造业高级化发展，既是广东加快转型升级、转变经济发展方式的重要内容，也是在新一轮国际产业竞争中赢得优势、保持持续竞争力的必由之路。

近年来，在培育新兴产业、促进制造业高级化方面，广东做了大量工作，出台了一系列政策措施，制定了现代产业体系建设总体规划，组织遴选并推动实施了战略性新兴产业100强、先进制造业100强和优势传统产业100强项目，布局建设了一批制造业转型升级基地和产业集群升级示范区，取得了良好成效。

未来5年，广东将超前谋划布局，突出重点领域和关键环节，推动新兴产业快速健康发展；加快制造业结构调整，延伸完善产业链，提高制造业国际竞争力。

一是做大做强重点新兴产业。大力发展高端新型电子信息、新能源汽车、半导体照明、生物、高端装备制造、节能环保、新能源、新材料等八大新兴产业，其中率先突破高端新型电子信息、新能源汽车、半导体照明三大产业。二是发展壮大先进制造业。重点发展资金技术密集、关联度高、带动性强的装备、汽车、石化等产业。三是改造提升传统制造业。充分运用高新技术、先进适用技术和现代管理技术，推动传统制造业向产品研发、设计、营销等附加值高的产业链环节延伸。

应当说，广东战略性新兴产业发展和制造业高级化已具有一定基础和条件，但从总体上看，仍处于初级阶段，产业技术水平低、产业体系不完善、产业竞争力不强，还需要破解一系列难题，比如：如何更好地培育新兴产业市场，以市场应用带动产业发展；如何培养和吸引创新型人才，满足新兴产业发展和制造业高级化的智力需求等等。

顾问们所在的国家、机构，大多经历过相关的发展历程，在产业转型升级方面积累了宝贵的经验，顾问们开阔的视野，为广东新兴产业培育与促进制造业高级化带来很多有益的启示。

一、未来新兴技术瞄准新能源

德国弗劳恩霍夫协会主席汉斯—约克 布凌格教授：交通运输服务的需求一直在强劲增长。除了较为传统的水路和铁路运输方式之外，陆路和空运也获得长足发展。到目前为止，交通运输仍高度依赖矿物燃料，这一方面使交通运输易受到价格上涨的影响，另一方面加剧了温室气体排放。此外，人口密集地区的交通拥堵问题越来越严重。

交通运输系统发展的趋势是，从使用矿物燃料转向使用可替代燃料和采用相应的引擎系统。其中最突出的技术当属电动车技术。其他选择如对于生物燃料的使用亦不可忽视。早在发展的初始阶段找到正确的发展方向，并避免重蹈“西方”在交通技术发展上出现问题的覆辙是非常重要的。

全世界的相关研究都认同，从长远来看，机动化私人交通工具将在很大程度上被电动车取代（包括燃料电池车辆），因为电动车比内燃机（汽车）更为高效。但是电动车推广的前提是必须要能够大幅减少环境污染，同时要保证其能源供应的安全性（可再生能源提供电力的稳定性）。换句话说，电动车技术将会导致能源系统的革新。

目前电动车仍面临着一系列的技术挑战，首要的需求是降低其造价，这一目标可以通过降低各个元件，尤其是驱动系统的生产成本而实现。

而有关电池研制的问题。只有解决了这一关键性的问题，电动车才能够在市场上站稳脚跟。对于电动车的要求包括环保、经济且操作人性化。此外，智能交通的理念也应该被采用。如何获得消费者的认同是需要解决的另一个问题。全球资金消费数据显示，电动车技术已经成为所有交通技术相关讨论的重中之重。

在可预见的将来，长距离运输仍将依靠使用液体燃料的交通工具。如果第二代及第三代生物燃料能到达一定的可持续性标准，它们也许能够成为传统液体燃料的替代品。

在过去十年里能源领域一直在向可再生能源进军，而在未来十年内交通领域的巨大变化也是必然的趋势。首先在该领域投入的国家必定会因占有先机而获得优势。

全球对可再生能源的总投资在2009年为1600亿美元，到2010年则达到2110亿美元，并且每年都在持续稳固增长。2010年，中国向可再生能源领域投资将近500亿美元，这超过全球同期对该领域投资的1/3，连续两年领跑全球。

中国的领先主要是因为2010年在对风力发电的投资大幅增长，并持续从2008年金融危机高峰期时宣布的460亿元的“绿色”刺激方案中获益。到2010年年底，这笔资金已经花费了70%。中国也是世界上在风力发电和太阳能热水/供暖领域新增投资最多的国家。德国在可再生能源新装机容量上位列世界第二，其中对太阳能光伏和生物柴油新增生产能力的投资领先全球。

生物质是未来全球能源供应用途最广且最重要的可再生能源，通常用于发电及生产热能，或转化成为用于交通工具的生物燃料。生物质发电技术包括固态生物质、城市有机垃圾、沼气以及液态生物燃料的直接焚烧或共燃技术。

由于生物质发电可提供基底负荷电力以及峰值电力供应，并能快速调节，所以这个技术的重要性日益显著。由于像风能和太阳能等不可调节的可再生能源所占份额逐渐增大，生物质将成为除水电之外可用于电网控制的最重要的可再生能源。到2010年年底，据估计全球拥有62GW的生物质发电能力。

生物质是可再生能源生产热能的主力军。生物质热能包括燃烧固态、液态以及气态生物质所得到的热能，或用于烹饪、烧水和采暖，或用于工业加工。应用范围既有个别住宅单元也有大型区域性制热系统，还包括热电联合（CHP）发电厂。2008年全世界通过生物质共生产热能11600帕焦耳（PJ），这是近年来能得到的最新数据。

越来越多的生物甲烷气（提纯的沼气）被输入到天然气管网中，并主要在燃气热电厂投入使用。德国是欧洲生产利用生物甲烷气的领头羊。截至2010年11月，有44家沼气工厂为天然气网输送生物甲烷，而这个数字到2010

年年底变成了60家，每小时可提供40000立方米的天然气产量。

生物质颗粒燃料在欧盟也逐渐变成了一种普通燃料。2010年欧盟消耗的木质颗粒达1100多万吨，与2009年相比增加了7%。小规模沼气厂的使用也在不断增加。中国的沼气池数量在全世界领先，估计有5000万住户在使用沼气。

太阳能光伏发电（PV）是世界上发展最快的发电技术。2010年全世界新增PV发电量估计为17GW，发电总量达到40GW左右。全球光伏发电总容量的数据表明，2005年到2010年期间年均增长率超过了49%。同期实现并网的光伏发电容量的年均增长率为60%。

2010年德国新增的PV容量为7.4GW，这比2009年全世界增加的PV容量还要多。到2010年年底，德国拥有17.3GW的PV装机容量。2011年一季度，德国PV发电量为2.75TWh。中国在2010年年底的PV装机容量为0.6GW。发展实用规模化PV电力厂的趋势仍在继续，2010年该系统数量超过5000个，而它们在2009年仅仅略多于3200个。到2010年年底，这些设施的装机容量总共达到9.7GW，约占全球PV总容量的25%。

光伏电池制造业继续向亚洲转移。全球15大制造商中就有10个位于亚洲，而中国是最大的PV电池生产商，其市场份额将近占到30%。到目前为止，大多数中国PV电池的生产用于出口市场。

二、境内外投资亟须金融支持

野村控股株式会社会长（董事长）古贺 信行：一方面，从2010年地区GDP来看，广东省的GDP为45000亿元，经济总量即使在2008年金融危机之后仍然位居全国第一。此外，从增长率来看，2010年广东省实现增长12.2%，超过全国平均水平10.3%。这与内陆地区依靠财政主导实现高增长的模式形成对照，显示了广东省在全球化过程中历练而成的雄厚实力。

另一方面，从人均GDP（2010年）来看，广东省名列全国第七。大家都知道，GDP是投资、消费以及出口减去进口后的净出口这三大要素组成的附加值的总和。这意味着广东省在进一步提高附加价值、实现产业结构升级方面具有相当的潜力。

事实上，广东省迄今为止引进了大量外资，在世界上的知名度不断提高。进驻广东省的外资企业总数居全国第一，投资总额居全国第二。对于外资企业来说，广东省已经在他们的国际分工网络中占据一席之地。谈到广东省的外资引进，不可不提到日本企业。从1979年到2009年期间，广东省的日本企业累计投资到位金额已达87亿美元。即使在全球金融危机之时，日本企业也依然钟情于广东省，2008年、2009年的投资到位金额也分别有5亿美元和6亿美元。

2011年3月11日，日本发生了千年一遇的东日本大地震。东日本地区的零部件、原材料及半导体厂商也因此次大地震受到影响，被迫进行了临时性生产调整。其实日本企业早在大地震发生前就已经在提高海外生产比例和销售额比例，进一步向海外发展。震后，加之需要分散日本国内外风险的因素，加强海外发展的趋势不仅未因大地震而改变，反而呈现出进一步加速的势头。广东省也成为这些日本企业向海外发展的候选目的地之一。

要实现广东省培育新兴产业和促进制造业升级的目标，不仅需要吸引海外优秀企业进驻广东，而且接下来还可通过广东企业进军海外，获得技术、品牌等国外优秀的经营资源。事实上，在对外直接投资方面，截至2010年，广东省的累计投资额已达116亿美元左右，在全国也是首屈一指。

从2010年单年各地区对外直接投资情况来看，广东省居全国第四。在这里我想强调的是，广东企业的对外直接投资尽管从2008年约12亿美元减少到2009年约9亿美元，但是2010年又恢复到16亿美元左右，发展势头并未减弱。这个排名并非因为广东企业的对外直接投资步伐放慢，而是因为其他地区企业的对外直接投资超过了广东省。

广东应对投资加强金融支持、放宽限制。广东省在促进上述双向直接投资时，政府可通过在金融方面施以援手并放宽限制，此举将起到举足轻重的作用。

第一是放宽对跨境人民币业务的限制。外资企业在中国进行设备投资时，通常的做法是以外币形式注入资金再兑换成人民币，这需要承担汇率风险。为此，企业倾向于负债也以人民币计价，且到资本市场融资的需求高涨。

对外资企业来说，能够利用大陆资本市场固然理想，但从短期来看还有一种方法，即在中国香港人民币离岸市场发行一种叫作“点心债”的人民币债券。外资企业在香港筹集人民币进入广东省时，如果手续能够更加简单明了，广东省的投资环境就会得到更高的评价。

在这种情况下，2011年8月17日中国国务院副总理李克强在中国香港发表演讲，提出扩大香港的人民币离岸业务、促进香港对内地的人民币直接投资等新政策。广东省紧邻香港，应争取成为跨境人民币交易的试点地区，从而最大限度地享受新政策的好处。

第二是广东省的金融机构要为省内企业进军海外提供金融方面的便利。可针对广东企业的跨国M&A设授信额度，提供利息补贴。在促进双向直接投资之际，能够将外资企业和广东企业的需求相结合起来的中介机构非常重要。在这一点上，外国金融机构能够放眼全球供应链，起到企业间桥梁的作用。今后，可以考虑将这种通过中介机构进行商业对接的方式形成惯例。

三、能源面临需求、安全、可持续三大挑战

BP公司董事长思文凯：回顾2010年，全球能源需求增长达到1973年以来的最高增速。各类主要能源消费均在十年平均水平的基础上增长了近一倍。各国能源消费增幅都达到最高值。单位产值能耗是1970年以来增长最快的一年。2010年，全球能耗总量和人均能耗量全面增长。除核能外，各类能源消耗量都为历史最高。同时，能源消耗的增长直接导致全球二氧化碳排放量增加5. 8%。

展望2030年，最引人关注的一组数据显示，全球能源消费在未来的20年内将增长40%，是中国现有消费量的两倍。其中90%的增长将来自新兴经济体，尤其是中国。与此同时，到2030年，欧美国家的能源需求或与今天持平，而非经合组织国家的能源消耗量或占全球总量的65%。

该如何应对如此巨大的能源挑战呢？预计各类能源需求都将持续，但非石化能源领域或将呈现前所未有的增长趋势。

从2010年到2030年，可再生能源占能源增长的比率将从5%增长至8%。而石化能源对一次性能源消费增长的贡献率将从83%下降至64%，其中煤炭和石油的市场份额持续下降，天然气的份额大幅上升。即便如此，石化能源

仍会随着能源总量的大幅攀升实现绝对增长。到2030年，全球液体能源需求预期将从8500万桶/日增加至1亿桶/日。其中，亚洲非经合组织地区的日平均石油消耗将增长1300万桶。煤炭仍将是新兴经济体的重要能源，如中国拥有丰富的煤炭资源。尽管石油需求增长将放缓，但石油资源总量也在减少，BP需要持续寻找和开发新的替代能源。

因能源增长而产生的能源安全问题将是BP面临的另一大挑战。全球范围内，只有少数几个国家能实现能源自给自足。例如，俄罗斯和沙特阿拉伯的石油产量是其使用量的三倍，澳大利亚和印度尼西亚的天然气产量是其需求的两倍，而美国本土的石油产量仅占其消耗总量的1/3。因此，建立有效的政治和商业机制，确保诚实互信，鼓励跨国交易，就尤为重要。

能源可持续是BP面临的第三个挑战。在过去的20年间，二氧化碳排放量以年均2%的速度持续增长。通过提高能源使用率和推广低碳能源，各国二氧化碳排放量增幅将至少下降一半。但由于能源总量增长过快，预计到2030年，全球二氧化碳排放量仍将增长25%，其中非经合组织国家将增长53%。这也意味着应对气候变暖的目标或将无法实现。因此，展望未来，BP必须寻求有效途径，实现能源的可持续发展。

BP已在能源产业确定了可持续发展方向，以应对来自电力和交通运输等重点领域的能源挑战。这些可持续发展途径，在一方面，使现有的技术和设施在短期内得到调整和升级；在另一方面，为转变未来能源产业发展模式提供了借鉴。

例如，电池电动车和氢燃料电池在未来将成为运输工具市场的一部分，但这一目标的实现需要进一步发展除碳技术，进而全面降低二氧化碳排放。目前，欧洲市场上的电池电动车的平均排放量仍高于混合动力车。就短期而言，实现低碳运输的最有效途径是提高现有车辆发动机的工作效率。其中，汽油发动机改进技术的贡献极大。同时，随着混合动力技术的逐步成熟，每千米二氧化碳排放量将有可能减半，而操作成本将远低于电池电动车。

可持续生物燃料的使用将有效协助降低二氧化碳排放。非常重要的是，这些技术或已存在，或即将获得研发突破，且都基于长期积累的产业优势和产业能力。交通运输领域将循序渐进地、实质性地提高产业效率，降低污染排放。目前，交通运输领域的温室气体排放量占全球总量的20%。

为何如此确信天然气将成为能源供给的第一选择？在电力行业，天然气的使用成本是煤炭的1/4。在投资成本减半的同时，二氧化碳排放量也下降约50%。一台联合循环发电装置每兆瓦时的碳排放量低于400千克，其资金成本约为每千瓦1000美金。相比之下，一台超临界火电发电机每兆瓦时的碳排放量近800千克，资金成本约每千瓦2500美金。另外，天然气发电机组能有效地缓解风力发电和太阳能发电的间歇性问题。

BP正以行动支持天然气资源的开发利用。BP在印度尼西亚和澳大利亚进行天然气开发，并将液化天然气输送至中国。作为唯一的外国合作伙伴，BP有幸参与了中国建于深圳的首个液化天然气场站和管线项目。BP与中海油共同合作开发南海油块，将崖城131气田的油气输送至海南和中国香港。

自20世纪70年代末实行改革开放政策以来，广东省一直处在发展的前沿。凭借着得天独厚的地理和历史优势，广东省实行开放的经济发展模式，使该地区迅速成长。制造业和服务业是广东省产业结构的两个重要组成部分。广东有望成为中国乃至世界制造业和服务业中心。

在发展中，社会各界对重工业非常关注，尤其在环保方面提出了诸多质疑。要想进一步发展制造业，就必须同时发展价值链中其他的相关行业，如石化和工程。然而，同许多其他国家一样，在中国，人们也在担心重工业的进一步发展将不利于可持续。

珠海PTA工厂成立于1997年，是BP在中国的首批石化合资企业之一。在项目的两个阶段，新工艺对该合资企业的成功起到了核心作用。在一期工程阶段，先进工艺降低了原材料消耗，并在能量回收环节起到重要作用。此工艺利用生产环节中产生的蒸汽和气体，生成整个工厂所需的电量。此外，新工艺显著提高了水循环效率。现在，BP所消耗的水量仅为传统工艺的1/7。

2007年，BP启动了珠海二期工程。该项目采用了尖端工艺来提高能源效率和减少废气排放。具体来说，新技术将使温室气体排放量减少65%，废水排放减少75%，固体废物排放减少40%。三期工程即将使用的工艺也已升级。新工艺将进一步减少温室气体排放，提高能量回收效率。通过技术突破，BP正在提高能源效率，应对环保的挑战，希望这些努力能为中国兼顾环保与发展的需求作出贡献。

与此同时，珠海工厂也展示了BP是如何在广东升级和发展PTA业务，进而推动相关产业链的发展。PTA领域的发展正帮助广东建立现代化的产业体系。中国和亚洲其他地区的数家聚酯生产商都决定同BP合作在广东发展自己的业务。例如，华润集团（CRC）正在珠海工厂的附近建立PET工厂，其他合址项目也正在进行中。

中国的聚酯行业充满活力，正在健康成长。可以预见，在未来的五年，整个广东省聚酯价值链将实现升级。通过共同努力、推动以可持续的方式高效增长，我们将使聚酯行业成为广东的现代化产业体系不可或缺的组成部分。

四、教育与合作在产业转型升级中不可或缺

卡内基梅隆大学校长杰瑞德·柯亨教授：历史经验可以照亮通往未来的道路。历史可以帮助人们了解各种技术产业是如何发展壮大起来的，又为什么在一些特定的地区集聚发展。卡内基梅隆大学的经济学家史蒂芬·克莱伯教授对大量的企业进行了研究，寻找其成功或者失败的模式以及原因。此外，他还研究了一些地区发展成为产业集聚地的过程及其背景原因。

很多人注意到，产业具有地区集聚的特点。底特律市及周边地区汽车制造业的发展、加利福尼亚州硅谷信息产业的繁荣，都是很好的范例。这些地区是怎么发展起来的？为什么能够发展起来？克莱伯教授的研究成果为上述问题找到了答案。当前，广东省领导正在谋划新一轮的发展，相信详细了解一下他的研究成果会有所裨益。

轮胎业在今天是普通产业，但在100年前，这一产业却蓬勃发展。20世纪20年代是轮胎业的繁荣期，当时，有120家轮胎企业分布在美国和加拿大各地。但1924年轮胎业重新洗牌，只有少量企业生存了下来。尽管当时汽车和轮胎的全球市场增长迅速，但汽车轮胎销售竞争异常激烈，大多数汽车轮胎企业还是倒闭了。竞争的最终优胜者，都是俄亥俄州阿克伦市的企业。

1915年，阿克伦市及周边企业的汽车轮胎产量占了全美的50%；1930年，这一地区企业的市场占有率达到60%，基本控制了汽车轮胎业，成为行业的领头羊。

为什么这一地区的企业能取得成功呢？从表面上看，阿克伦不具备成为

汽车轮胎业制造中心的条件。它与原材料供应商的距离不比竞争对手近，尽管离汽车制造中心底特律的距离比较近，但最终设在底特律市的汽车轮胎制造商也倒闭了。此外，当时熟练的技术工人分布在各地，阿克伦市也不具备这方面的垄断优势。那么，阿克伦市成功的秘密究竟是什么呢？

答案是：合作。百路驰是阿克伦市的第一家轮胎公司，公司成立于19世纪70年代，起初生产自行车轮胎，非常成功。大约10年后，汽车发明出来了，便转向生产汽车轮胎。公司管理层对橡胶很在行，懂得如何组织生产，也了解顾客对轮胎的要求。百路驰成功地将生产自行车轮胎的经验用于生产汽车轮胎。1895年，公司的市场占有率领先其他同行，并成立了专门的实验室，研究如何改进产品。正是由于百路驰是汽车轮胎业的最佳企业，它也成了孕育众多其他制造业企业的沃土。百路驰的员工在公司学会了高标准和最佳做法。随着时间的推移，一些员工由于各种原因离开公司，追求新的理想，自己开办起了轮胎公司。但是他们留在了阿克伦市，因为那里有他们的家，还有一批具有丰富生产经验的技术工人。

起初，百路驰公司的管理层对此非常不满。昔日的员工成了强劲的竞争对手，他们了解行业，了解市场，也可能挖走熟练的技术工。然而随着时间的推移，这种竞争使得百路驰公司更加优秀，阿克伦市也从中受益良多。

这种一对一、面对面、手把手教的基础知识传授，正是阿克伦市轮胎公司成功的关键。克莱伯教授把这种一对一传授的知识称为“组织能力”。正是这种在工作中的相互协作，让员工学习到管理此类行业公司的最佳做法。“组织能力”不是学校传授的知识，而是在实际工作的不断重复操作中学习到的实际经验，它随着生产经验的发展而发展。这种经验建立在一整套如何经营好公司的经验、理念、发展目标、规则、制度等基础上。

克莱伯教授发现，与善于传授组织能力的公司领导共同协作是成功的关键。这一规律不仅仅在汽车轮胎业存在，在许多其他行业——从美国的电视机制造业、汽车制造业，到孟加拉的服装制造业——也同样存在。强者总是相互学习借鉴。

那大学在其中起到了怎样的作用呢？大学在一个地区形成某种产业中心的过程中，起着同等重要的作用；在今天这个高科技时代，尤其如此。拿广东来说，要实现建立技术密集型产业体系这一战略目标，就需要拥有一批优秀年轻工程师和科学家，一批对于科技公司具有重要意义，能引领创新和发现的年轻人。他们当中将能产生一批商界领袖。

来看一个现代的例子。如今，加利福尼亚州的“硅谷”仍是许多世界顶尖信息技术公司的总部所在地，它们包括谷歌公司、苹果公司、甲骨文公司。不过该地区的主要产业之一仍是硅芯片和半导体。该产业在20世纪60年代迅猛发展，“硅谷”由此得名并一直沿用至今。

事实上，硅谷大部分公司也与一个公司有着这种渊源，这个公司就是飞兆（仙童）半导体公司。与百路驰公司的例子一样，飞兆公司的员工在企业学到了组织能力，跳槽后自己开公司，这些公司又诞生了更多的新公司。从飞兆公司跳槽的员工中有一人叫戈登·摩尔。他与罗伯特·诺伊斯一道创立了英特尔公司并获得巨大成功——英特尔公司后来成为全球最大的半导体公司。摩尔是一位善于思考的人，曾专门撰文阐述我所说的“组织能力”。他强调，他和同事们在飞兆公司学到的经验对日后的成功非常重要。

但与此同时，摩尔强调，科技公司成立之初就要拥有一批技术人员、工程师或科学家，这一点对日后的成功至关重要；对于高科技公司，更是如此。而优秀大学的教育，就是培养这些人才的第一步，其重要性，也正体现在此。

飞兆公司当初便招募了一批受过良好教育的员工，此后，公司还培养了一批摩尔所称的“技术人员经理”——他们本身都是科学家，同时又学习了管理好一个科技公司的组织能力。他们懂得如何管理好技术人员队伍，如何把公司发展目标与员工激励措施结合起来，如何组织生产，如何鼓励不断地进步，如何激励创新。

全球经济的竞争十分激烈，要想取得成功，就必须不断推动技术的进步和应用。成功的关键是大学教育与合作。大学是思想和创新的源头，更重要的是，大学培养推动进步的力量——人才。此外，合作——包括人与人之间、机构与机构之间、大学与产业之间的合作——也是成功的关键。联合起来力量大，成就也大。

就广东发展先进制造业的战略而言，以下几点颇为重要：①一些优势产业能培养前面提到的具有熟练技能和丰富知识的员工，要大力鼓励这些优势产业的发展。②要与大学开展具有创意的合作。此外，一些跨国公司已经在生产我们希望能够生产的产品，与这些公司建立合作关系也非常重要。③要招募具备该领域工作经验的人才，让他们把经验带进来，并创造机会让其他员工学习到这些经验。俗话说，名师出高徒，因此，合作对象一定要选择该行业最成功的公司。

五、核电发展安全应置首位

法国电力公司高级执行副总裁马识路：多年来广东省都是中国第一工业大省，本着区域优势及国家政策的扶持，工业活动向众多领域延伸，尤其是能源领域。广东省意识到必须通过产业升级来保持广东工业发展的活力，在2008年7月作出了《关于加快建设现代产业体系的决定》，要通过大力发展现代服务业、先进制造业、高新技术产业等高端产业，改变目前轻型、外向型为主的产业结构，使高科技含量、高附加值、低能耗、低污染的高端产业成为其产业体系中的主体。

在其“十二五”规划中，广东省期待全省生产总值年均增长达到8%以上，并再次强调要加快产业转型升级。到2015年，包括能源装备、智能制造设备等等在内的先进和高技术制造业增加值占工业增加值比重将达到76%。

电力是保证广东省工业可持续发展的关键。截至2010年年底，广东省装机容量超过7000万千瓦，“十二五”规划到2015年要增加到约1亿千瓦。广东省发改委预计2011年广东全年全社会用电量4450亿千瓦时，比前年增长10%；而到2015年，省内全年社会用电量年均增长率将保持在10%左右。

面对如此庞大的电力需求，广东省至少需要增加3000万千瓦的发电装机能力。目前省内的状况是：水电资源基本开发殆尽，火电建设因环境容量要求属国家严控范围（只能利用“上大压小”的容量）且广东省自身煤炭资源不足，发展中的新能源尚不能全面高效发电。核电将在改善广东省能源供给平衡方面发挥重要作用。

广东省将依照其“十二五”规划发展核电，2015年1亿千瓦装机中核电将占到1380万千瓦，而到2020年，核电装机容量将达到2400万千瓦。考虑到核电站的建设周期通常为52个月甚至更长，广东省需要在2015年年底前开工建设（浇筑第一灌混凝土）至少10台100万千瓦的核电机组。

事实上，广东省发展核电对温室气体减排、掌握核电产业后控制核电站建设成本、完善产业结构及提高高新技术服务产业、发展高附加值产品出口等也会产生十分积极的影响。

相关核电建设项目使得广东省核电产业得以加强，其中最大的挑战在于如何使该产业长期保持稳固和持续的发展。

一个强大的核电产业仰赖于多个因素：

第一，一个长效机制。由于投资、确立规则的难度、需要的高级技能及长期的经验反馈等等原因，需要建立一个长效机制，其中，一个强有力的安全监管机构和一套得到广泛应用的公认标准是十分必要的。

第二，参与国际竞争不仅是一个增加经济收入的来源，而且同时还是一条提高效率和性能的途径。要出口产品以及参加国际项目，得到国际客户以及海外安全权力机构的认可是必须的。一个有效的方法就是获得具有国际声望的第三方机构的认证，促进与国际性企业的合作。建立中法合作伙伴关系可被视为一种恰当的手段。

第三，一种工业模式需要能够始终如一地提高产业的质量水平。中国广东核电集团所建立的模式（与法国的工业模式十分相似）被证明是有效的，其中业主/运营方同供应商之间存在着特别的关联。

第四，完整的产业链可给予自力更生以支撑。为此，中小型企业的加入对深化大型企业的业务领域是非常必要的。

在广东省，所有在建和计划建设的核电站，例如大亚湾、岭澳、阳江和台山EPR，都采用了“RCC”标准。全省范围内使用同一标准是非常重要的一个安全要素。2008年，法国AFCEN组织（RCC标准的编写单位，是一家由法国电力公司领导的协会组织）同中广核集团下属的中科华核电技术研究院签订了协议，授权中科华翻译并在2010年出版了《RCC-M（2000版以及2002版补遗）》中文版，2011年还出版了RCC系列标准的《RCC-E》、《RCC-P》及《RSEM标准》（内容涉及运行安全保证）。这一步非常重要，今后还需要通过积极合作不断跟踪这些标准演变的情况。

2011年3月的福岛核事故之后，中国政府关心的核安全问题更显其重要性。法国电力公司是世界上最大的核电运营商，在法国和英国分别运营着58座和15座核反应堆，已拥有超过2000堆 / 年的运行经验。根据法国电力公司的经验，持续提高核电站的安全水平非常倚重于对正常运行条件下的运行经验反馈的分析以及对以前世界上出现过的核事故（包括福岛事故）的分析。自20世纪80年代开展密切合作以来，法国电力公司将继续并加强同中国同行，尤其是中广核，在核电领域的合作，为核电在广东省的安全和可持续发展作出贡献。

得益于“总体工程师”（AE）的模式，法国电力公司在法国核安全当局的领导下持续提高着核电安全水平。事实上，无论是过去还是未来，法国电力公司最关心的问题之一始终是如何提高其核电机组的安全水平。

在法国，核安全需要通过多次内部和外部检查才能够评定。国家层面，由法国核安全当局ASN定期到现场进行抽查或定点检查，年检查次数接近400次。此外，自20世纪90年代起还建立了每十年进行安全复检的程序，其目的是对核电站的运行进行升级以达到最新核安全标准的要求，并在经验反馈和新知识的基础上提高安全水平。通过这一途径得到重新评估的安全标准将持续运用到下次复检时为止。这项在核电站内持续开展的工作带来的变更会涉及设备、系统、结构、组织及人力资源，因此也会增强反应堆的安全防线。通过该项程序，法国电力公司的核电站已接受关键部位修改，如氢气复合器、安全壳减压（过滤排放）、应急汽轮发电机等，足以应对类似福岛事故的状况。

另外，出现事故时，将执行严格的危机应对计划以限制其对环境及周边民众的影响。针对全法国的核电机组，每年会组织近百次演习。演习由法国核安全当局、法国电力公司和政府当局参与。

法国电力公司的“总体工程师”模式坚持不断提高的原则。因此，无论新老运行机组都不断吸纳来自于所有核电站的经验反馈，并汲取世界范围内发生的事故的教训。事实上，以往历次事故的经验教训都被考虑到改进中去，例如，在20世纪70年代和80年代分别发生了三哩岛和切尔诺贝利事故后，法国电力公司即对其既有及新建的核反应堆进行了部分重大整改以增强安全性。1999年法国乐布莱耶核电站出现洪灾事故后，法国电力公司又在其所有核电站内开展了应对洪灾风险的安全改进。如此这般的持续改进提高了全法国核电机组的整体安全水平，形成了今天被称为“第三代”的技术。

第三节　推动开放条件下的创新合作

【题解】

创新是开启未来之门的钥匙，也是社会进步的源泉。在知识、技术和资本加速全球化的今天，我们所讨论的创新，已经不再是传统意义上的完全自我创新、封闭创新，而是全新的开放式创新、合作式创新。推动开放条件下的创新合作，既是我省当前加快转型升级、建设幸福广东的必由之路，也是分享创新带来的资金、技术、人才、管理等商业机会，实现互利共赢的现实需要。

广东历来高度重视推动创新领域的国际合作，着力提高技术水平和产业层次，并取得显著成效。近年来，广东区域创新能力综合排名连续3年稳居全国第二，有效专利总量、发明专利授权量、PCT国际专利申请量均居全国首位；世界500强企业目前已有208家在粤设立企业，外商投资企业在我省设立研发中心达400多家；深入推动国际科技合作，先后引进30多个创新科研团队和一批科技领军人才，开展粤港关键领域重点项目招标，取得众多突破性技术。国际合作为广东提高创新能力带来了良好的契机，也给跨国企业带来了更加广阔的市场前景和更加丰厚的投资回报。

当前，广东正处于全面实施"十二五"规划，加快转变经济发展方式的关键时期，技术创新和经济国际化依然是支撑广东发展的两个重大战略。广东将继续坚定不移地扩大对外开放，积极推进开放条件下的创新合作。

一、把握创新趋势推动广东多元、开放的创新合作

通用电气公司副董事长庄睿思：创新是经济发展的根本动力，也是在全球化的竞争中能否掌握先机和主动权的关键所在。广东省的"十二五"规划则明确指出，广东要强化自主创新对加快转型升级、建设幸福广东的核心推动作用，推动经济社会发展走上创新驱动之路。广东还力争到2015年要率先建成创新体系健全、创新要素集聚、创新成效显著的全国自主创新示范省，初步建成亚太地区重要的区域创新中心。改革开放30年以来，作为全国经济发

展尖兵的广东，对于创新和产业结构优化升级的需求从未像今天这样迫切。

应当强调的是，这里讨论的创新，并不是完全自我创新、封闭创新，而是一种开放的、合作的创新。据统计，目前中国原创专利中有近一半是授予外资跨国公司在华子公司的。作为外向型经济大省，在广东建设的创新体系中，跨国公司是一个重要的组成部分，跨国公司的创新资源、创新活动和创新经验应该被纳入到这个广东开放式创新体系之中。

通用电气（GE）公司作为跨国公司的一个代表，在全球，特别是在发展中国家的创新过程中积累了一定的经验。GE一直认为，创新不分国界，合作则共赢。GE希望扎根中国，携手中国（In China，With China），与中国的本土伙伴和本土人才一起创新、一起发展，并走向全球市场。

全球创新趋势

在后金融危机时代，全球经济形势变得日益纷繁复杂。但是，创新仍然是当前这个复杂的年代国际社会公认的经济增长点。随着全球创新格局的变化，创新的理念也在不断随之改变。在新形势下，国家、企业、研究机构等创新主体都对当前的创新本身重新进行了思考，并积极调整自己的创新思路与创新战略。

那么，新形势下的创新格局和理念具体发生了哪些改变呢？首先，从主体来看，创新的主体正日益丰富化。一两家企业巨头单打独斗、闭门造车的时代已过去了，未来的创新将更多地在多种主体间的合作中产生，而用户和消费者也将越来越多地参与到企业创新中来。其次，从战略视野、着眼地域来看，创新早已随着世界变“平”而在全球遍地开花，其中发展中国家在创新方面的崛起尤为明显，不少创新成果已开始向全球各地分享。最后，从内涵及标准来看，创新已被赋予浓厚的人文色彩。创新的首要目的开始更多地是要解决人类的基本问题，着眼于为更广大的用户提供便利，而非仅局限在单纯的谋利上。同时，创新已不再仅指高精尖的技术突破，新颖的、用户喜欢的应用方式乃至传播方式，都可以成为伟大的创新。新时代为创新赋予了新的意义，在瞬息万变的后金融危机时代，创新的精神已变得更加开放、多元，强调合作。

GE创新的经验研究

2002年，美国环保署裁定GE有责任治理哈德逊河。GE刚上任不久的CEO伊梅尔特在之后不久的某次公司高管讨论会中意识到，如果GE再不改变对环境问题的认识，就会成为在新时代的守旧制造商，未来很难预料。传统的制造业因为生产模式所限，对环境的保护也难有更大作为。另一方面，他意识到“绿色”概念可以将之前GE收购的庞大产品线有效地串起来，并引导GE实现轻盈转型：“绿色”概念可以使GE的产品进入未来市场，这与GE的企业精神相匹配，同时也为社会带来了新的变化。

于是，GE公司在2005年起推出的“绿色创想”计划，体现了GE在重大转型期中的信念。GE在公司内部建立了对绿色产品的认证流程。“绿色创想”产品有自己的明确标准：经衡量可以明显改善客户的运营绩效或价值定位和环境绩效。这一标准是GE“绿色即是赢利（Green Is Green）”的现实写照。对“绿色创想”团队而言，GE通过投资开发先进的环保型产品与服务，提供有助于客户提升竞争优势并取得成功的解决方案，以此获利。同时，GE用“产品评审”计分卡，让绿色产品的环境影响、收益得以和非绿色产品进行可量化比较，让客户能够看到明显的成效。公司还聘请第三方对其产品进行定量环境分析与验证，在增强其公信力的同时，也协助GE建立了一套更专业、客观的关于绿色产业的定义和标准。

为了加速创新，GE承诺，到2010年将清洁技术研发的年度投资翻番，达到15亿美元。而实际上，该公司在2009年就已实现了这一目标，比原定计划提前了一年，这还是在经济严重低迷的环境下做出的成绩。自从2005年以来，GE也在不断加速提高清洁技术研发投资，目前累计总额已超过50亿美元。几年来，“绿色创想”认证产品的数量也已翻了5番。这些产品不仅使得GE能够增加来自新能源产业的收入，而且也为社会能源的降低、资源消耗的减少，作出了贡献。

对广东的启示

当前，创新已是中国全社会所关注的一个话题。对于广东而言，创新与广东的经济转型密切相关，可以说是决定着广东未来10年、20年发展前景的关键因素之一。在改革开放30多年来的发展进程中，广东原有的发展模式为广东完成农业省向工业省的跨越作出过很大贡献。但是，在现阶段，从企业的角度观察，发现广东原来这种粗放的、外延式的发展方式已经开始逐渐显现出很多弊端，主要体现在如下三个方面：第一，广东曾经高度依赖国际市场的增长，但目前的情况是金融危机后，欧美复苏乏力，国际市场需求复杂多变，存在很多不确定的因素；第二，广东的产业和技术的层次总体还是偏低，在未来更为激烈的国际市场上其竞争力比较难以取得优势；第三，广东之前的发展模式较多依赖物资的消耗，这种高消耗模式给资源、环境等带来越来越大的压力。

对广东而言，转型和创新已经成为当务之急。转型不仅应该是宏观层面上的经济转型，而且也是广东企业的转型，其核心是从依靠资源使用数量的增加，转向资源使用效率的提高，是从规模到效率的转变，是从增加投入转向提高效率。从这个意义来看，广东未来的创新内涵实际上是非常广泛的，并不仅仅限于新技术的采用和新产品的开发，更应该包括新的商业模式、新的组织管理方式和新的激励机制等诸多内容。举例来说，汽车流水线就是一种典型的新的组织管理方式的创新，它极大地提高了汽车的生产效率，使得汽车成本大大降低，汽车从奢侈品变成了大众消费品走进了千家万户，这是生产组织方式所带来的效率的提高，这个效率的提高对人们的生活方式和生产方式都发挥了非常大的影响。总之，对广东的创新之路而言，凡是能够提高资源使用效率的变革都是有益的创新。而广东政府要做的，就是要引导广东的企业把握创新趋势，通过积极变革来提高资源使用效率，同时努力培育创新的软环境。

二、推动课题解决型创新促进发展

日立集团会长（董事长）川村 隆：一方面，广东省在“十二五”计划中，根据“自主创新”的战略方针，明确了通过推动创新的手段实现产业结构转型的目标。另一方面，日本政府制定《新成长战略》确定“绿色创新”和“生活创新”为7个战略分支的中心，之后的《第四期科学技术基本计划》

中也将绿色和生活作为两个重要的创新领域。这两个领域和以往的创新政策不同，“课题解决型创新”是值得强调的新特点。

日本加速推进“课题解决型创新”

1. 新的思维方向——“课题解决型创新”

日本于2010年6月制定有关国家成长方向的《新成长战略——重建有活力的日本之规划》，2011年8月又发布了《第四期科学技术基本计划》。新成长战略把创新放在重要战略领域，根据此精神具体制定了《第四期科学技术基本计划》的政策。

新成长战略为实现“强有力的经济”、“强有力的财政”、“强有力的社会保障”而设定七个战略领域。七个战略领域分别是：①由绿色创新实现的环境，能源大国战略；②由生活创新来实施健康大国战略；③亚洲经济战略；④观光立国激活地区战略；⑤科学、技术、信息通信立国战略；⑥雇佣、人才战略；⑦金融战略。

在日本，创新方面现在采用和以往不同的“课题解决型创新”这一新的思维方向。就是说，《第三期科学技术基本计划》将生命科学和信息通信等视为重点的八个研究领域让政府方选择，挑出重中之重，取得了成果。另一方面，从通过解决全球性的课题，或是国内越来越严重的社会课题来牵引增长这个观点来看，已有的八个重点领域的工作明显力度还不够。为了将成果扩大，国家方面明确特定的重点课题，制定为解决这些课题而推动创新的方针。

2. “绿色”和“生活”——两大“课题解决型创新”领域

日本为解决特定课题而推进的创新分为两个领域：一个是“绿色”，另一个是“生活”。“绿色”是为了应对能源供给的稳定及气候变动问题，计划到2020年创造“超过50兆日元（约4万亿人民币）和环境相关的新兴市场”、“140万人的环境领域新的雇佣机会”，“运用日本的民间基础技术，在世界范围削减温室效应气体排放量达到13亿吨以上（相当于整个日本的总排放量）”。为了达成该目标，运用“世界顶尖技术”，进行生活方式变革，建设“绿色城市”，从地方来改变经济社会构造的发展模式等方面开展工作。由此，不仅实现成为世界环境、能源方面的领先大国目标，而且更为实现全球范围内可持续发展的和大自然共生社会及循环型社会作出贡献，让人民过上真正富裕的生活。

“生活”是因为在发达国家中日本的高龄化进程最快，为应对此状况，维持国民较高的生活质量，计划到2020年为止“创造出适应医疗、看护，和健康相关服务业需求的产业和雇佣机会，开拓约50兆日元的市场，创造280万人的就业机会”。还有，为达成该目标，认定以下领域为工作方向：日本制造的尖端药品，推进医疗、看护技术的研发，加强医疗及看护服务的基础，创造老年人安心的生活环境等。

为实现创新的重点措施

1. 强化“产学官”的知识开放网络

近年，随着科学技术的复杂化、研发活动的大规模化，经济社会的全球化推进，以往在一个企业或组织内构筑封闭的研发系统的垂直统合型模式的问题日益明显化，为了解决这些问题，以和外部的战略合作为前提的开放式创新工作急速发展。在这个趋势下，公众对大学和公共研究机关的优秀研究成果能够迅速有效地和创新相结合的这种架构形成的需求越来越大。

为此，日本提出将强化“产学官”的“知识”网络作为施政重点。明确政府将全面支持协助大学或研究机关从挖掘潜在的市场需要到将其商业化。同时政府也与相关投资机构合作，促进民间资金在创新活动中的有效利用。

2. 构筑“产学官”共同创新的环境

为了有效迅速地通过科学技术开展创新，需要构筑一个集结产学官的多种知识和研发能力，有组织、有战略地进行研发的环境。

今后，为了更进一步发展、强化这些已经集中的研发基地研究功能，在促进创新方面更要发展建设集合了产学官多样的研究开发能力的核心科研机构，还要集中力量为研发有革新意义的新技术完善运作机制。在日本新成长战略中，制定了到2020年为止建设在一些特定领域进入世界50强的研究及教育中心，共达100个以上的目标。日本为实现该目标，派遣学者参与海外学术交流，同时构筑从海外引进优秀学术人才的环境，打造“顶尖级科研人才交流系统”，设立成为核心平台的“世界最先端研究基地”等一系列计划措施。

3. 开展全球范围的创新合作

在亚洲，为解决环境、能源、食品、水、防灾、传染病等诸多课题，各国在许多领域中都运用了日本的科学技术。因此，其对于积极解决亚洲共同的问题，增强地域间相互信任，培养互惠互利的关系有很大意义。基于此认识，我们决定对加强和亚洲各国的科学技术合作采取更进一步的举措。

例如，推动“东南亚科技&创新区构想”，参与的各个国家构筑互惠互利关系，与成员以外的国家也以积极开展互利互惠的形式展开解决共同课题的研究合作，同时也期望促进人才培养和人才交流。日本政府还计划商讨设立国际性的研究基金，展开大型项目的合作实施来促进创新，推动提高区域各成员国的科技水平。

4. 推进高层次人才的世界级教育

对于高素质创新人才的发掘和培养必须具有长期性和战略性的眼光，新的发展战略制定中，投资方向应该瞄准拥有尖端研发能力的大学和研究所，加强人才的全球化竞争能力。2020年的目标是所有博士毕业生能够就职并得以在社会上发挥作用。为此，日本推出强化大学研究生学院教育，并实施对博士生的升学支援和多样化的职业计划以及“日本版终身制”等一系列措施。

5. 对广东省推动创新发展的建议

创新是中国“十二五”规划及广东省“十二五”规划中的重要构成要素。规划强调了在“自主创新”战略基础上推动创新。为实现广东省的“自主创新”，日立作为一家参与创新建设的日本企业，借鉴日本创新战略的经验，针对广东省推动创新合作提出如下建议：

第一，依据“课题解决型创新”这个思维方向，培养能为广东省解决课题作出贡献的产业，进行产业结构的转变。广东省在“十二五”规划中提出转变以加工贸易为中心的产业结构这一课题的同时，在“十二五”规划中明确了创建“资源节约型，环境友好型社会”的目标。可以探讨一下如何通过解决创建“资源节约型，环境友好型社会”这一课题，培养新的产业。

例如中新广州知识城的建设，是培养以服务业为代表的新兴产业的先进举措，非常值得期待。作为正在全球开展创新活动的日立集团也希望能为中新广州知识城的建设继续作出自己的贡献。

第二，构建有助于“自主创新”的开放创新模式，尽快打造成功案例。广东省为促进创新推出了一系列举措，例如创建民间—大学—研究所的联合机制，在发展与中央政府间的全面战略合作关系的同时，调整并完善省内企业与广东省大学间的研究合作体制，建立高度的人才培养体系等。为了推动开放式创新发展，如何构筑省内企业、研究机构、国外企业等各方参与者多赢的合作模式非常关键。这也是通过促进开放创新实现“自主创新”的重要环节。

三、在开放的环境中提升创新力

瑞士诺华公司首席执行官江慕忠：广东省政府已明确提出要把培育创新作为推动全省经济持续增长和不断取得成功的关键，这也是巩固广东作为全国强省地位的关键。为了实现这一目标，省政府已经采取一系列重要创新举措，比如为中新广州知识城的创建提供重要的政策和财政支持，并把创新列为广东省“十二五”规划中的核心支柱。

广东省如此重视创新，再次验证了其作为中国经济改革排头兵和新政策试验田的历史地位。这些新政策充分发挥了广东省得天独厚的优势：广东作为中国南大门，地理位置优越，毗邻国际创新中心，可以吸引全国最优秀的人才，并在投资和经济增长方面长期处于国内领先地位。

诺华积极支持广东省的创新决策，将继续致力于改善广东人民的医疗保健水平和生活质量。公司在广东省的业务蓬勃发展、势头强劲，目前正在考虑大幅增加在广东省的进口和临床研究活动。与广东省政府以及包括中山大学在内的省内高校合作开发专门为广东市场量身定制的创新医疗保健解决方案。诺华仿制药子公司山德士公司的基地位于广东省，是诺华公司提供的整体医药保健解决方案的重要组成部分。

作为全球创新领域的领导者，诺华的研发经费占公司全球收入的15%，处于同行业中的最高水平。公司聘请了世界各地的6000名科学家和医生，利用其全球研发网络促进彼此密切合作，并为进一步改善世界各地的疾病治疗水平作出了巨大的努力。

基于诺华对广东的坚定承诺以及公司在创新领域的丰富经验，提出如下系列建议，将广东省建设成“开放”、“开拓”、“可持续发展”的创新中心。

建议广东加强政府部门、产业界和学术界中公共卫生领域的主要利益相关者之间“开放”的合作。通过召开会议和论坛来协调利益相关者之间的关系，以加强相互合作，进一步完善促进医疗保健创新产品的相关政策，促进当地创新型创业公司的成长，另外广东应进一步“放开”对人才和贸易的限制。通过加大教育投入、提供税收减免等政策，鼓励全球高端优秀人才来广东生活和工作，同时出台新政策促进国内外商品和服务的流通，如鼓励行业整合，进一步推动省内物流产业的蓬勃发展。

建议广东成为全球在临床试验（研究）、监管数据保护以及创新奖励（机制）等方面最佳实践的“开拓者”。主要体现在以下几个方面：降低医疗设备和医疗试剂的（进口）税率，加强与国家药监局的合作、全面落实监管数据保护的工作，并与中央政府积极配合、制定以价值为基础的药品定价政策。

建议广东采取创新举措在提高广东人民生活质量方面充当“先锋”。这些举措主要包括支持公立医院机构改革，完善医疗保险制度、扩大诊疗选择范围，扩充广东基本药物目录，使其涵盖更多创新型高品质药物。

建议广东建立政府监督的“长效机制”，保证监管工作的持续性，并落实相关政策措施，确保把创新工作放在广东发展的中心地位。

诺华公司还建议广东省政府制定相关政策，确保创新工作的持续开展。比如，实施知识产权保护政策，防止假冒伪劣产品给患者带来伤害。这需要省政府增强司法机关和企业对这些问题的重视程度，对违法行为实施更加严厉的惩罚；促进政府之间的合作；加强GMP（《药品生产质量管理规范》）标准的执行力度。

四、在开放的环境下促进创新合作

美国艾默生电气公司总裁兼首席运营官孟瑟：广东面临的挑战主要有以

下几个方面：

首先，制造工厂迁移的趋势为广东的长期繁荣带来了严峻的挑战。作为中国的主要制造中心，广东对制造业有着极强的依赖性。然而，许多以制造业为主的公司纷纷迁至中国中部与西部地区；一些此类公司甚至离开中国，在其他低成本的亚洲国家扎根。广东正在进行产业转型，向高价值环节跃升，但是其仍然需要制造业以支撑不发达区域的经济增长。不断增加的运营成本、技工短缺、内陆省份及东南亚国家的兴起等因素都影响广东的长期发展。

其次，近期劳动力市场的发展，使人们的视线转向中国不断增长的人工成本上，而人工成本的增长则是劳动密集型制造产业搬迁背后的关键原因。广东的最低工资标准已经达到了1300元。根据广东省政府颁布的“广东省国民经济和社会发展第十二个五年计划”，截至2015年，珠江三角洲地区的最低工资将继续增长，超过省内平均工资的40%。提高工人的生活水平固然值得赞赏，但同时也带来了许多问题——中国境内工资的持续增长将使得省内的制造业难以为继。

还有一些其他问题也弱化了广东的竞争优势，诸如周期性电力短缺、高品质大学培训缺乏，以及慢性的水污染与空气污染。例如，在各个省份中，广东以其70千兆瓦的发电能力位居中国第一。然而，主要由于供应与需求不平衡与不利的天气条件，广东时常出现周期性电力短缺，这就为业务的可持续性带来了不确定性。在教育方面，正如广东省省委书记汪洋先生所说，广东省内的创新能力及人才供应短缺问题正面临诸多挑战。如何强化高等教育是广东省政府首要解决的紧迫问题。工资成本上升，税赋加重，加之人才短缺，这些将削弱广东在未来的竞争力。

广东省地理位置优越，对于包括艾默生在内的众多全球性公司来讲，其都是制造与研发的重地。广东省政府支持国外投资，并推出了很多有利政策吸引高科技产业。广东省政府正在寻求战略与计划方面的投入，在省内鼓励创新并加强重点行业建设。为此建议：

1. 吸引区域及全球研发中心

建议广东省政府鼓励企业在省内设立区域及全球研发中心。我们相信跨国公司会继续增加在中国的研发投资，支持本地及全球市场的技术发展。随着本地市场趋于成熟，中国企业也要开始利用研发能力进行国际化扩张。广东拥有许多成熟到位的产业生态系统，能为企业提供一个良好的基础与开放的环境，使企业进行创新并向高价值环节跃升。继续巩固这些系统，有助于广东将自身建设成为大公司都愿意在此开展研发业务的省份。事实上，创新从本质上来讲，是一个健康的产业生态系统所产生的积极成果。从长远发展来讲，这样一种对全体商业企业开放的生态环境，有助于广东省从其他省份及国家中脱颖而出。

2. 制定政策及措施，帮助企业吸引并留住人才

我们认为任何研发工作都离不开高素质的员工队伍。然而，广东省内劳工成本日益升高，缺乏经验丰富的工程师，已经成为研发水平发展的主要障碍。随着中国中西部城市的不断发展，许多工程师在距离自己家乡较近的地方找到了职业机会。此外，生活成本增加，尤其是住房与租房成本的负担加重，让更多人不愿前往更加发达的沿海地区。最重要的一点是，其他省份与地区也正在发展多种产业生态系统，并正在迎头赶上。从长期看来，人才将成为影响广东省发展的另一个关键差异要素。

艾默生建议政府提供更为全面的职业培训，并建立一个有效机制，从而鼓励职业培训并挽留人才。

同时，对高质量人才实行正确的住房政策对维持广东的竞争力至关重要。

最后，政府需要帮助与支持企业发展其自身的创新研究与人才培养，制止以过高的薪资及股份分红拉拢其他公司的工程及研发人才，减少“挖墙脚”行为。这一问题在过去两年中，也成为了一个不容忽视的问题。

3. 提高政府政策水平及效率，减轻企业运营成本

随着广东省的经济模式更加注重科技与服务，政府同样需要改进其运营模式以适应这一新形势。30年来，广东在吸引投资与支持经济增长方面所做的工作非常出色。但是在这一经济转型时期，政府也要考虑对现行的做法进行改进，同时简化并加快进程。

建议广东减少多种形式的税金及行政事业性收费，以减轻企业支出，帮助企业保持竞争力。

4. 加强执法，保护公司知识产权

我们建议广东省政府采取严格措施，保护企业免遭知识产权侵害。显而易见，创新已成为广东长期增长的主要引擎之一。确保《知识产权（IPR）法》的全面执行，将会鼓励企业在省内进行智力创造投资。对于跨国公司来讲，在考虑确定投资目的地时，这是一个关键的考量因素。

虽然知识产权保护在广东的社会与经济发展中正在扮演着越来越重要的角色。但在知识产权执法方面仍有改进余地。建议政府增加执法人员数量，同时进行更加频繁的检查，从而打击侵权行为。增加调查人员的数量无疑将有利于更系统地甄别假货。此外，还应加强广东、中国香港与中国澳门海关之间的合作，与该地区的造假分子作斗争。

5. 强化大学教育

世界级别的大学教育最终将会解决人才短缺的问题，同时会极大地提升广东的形象，使广东成为国际研发预算的首选地点。充分满足社会发展需求的持续劳动力供应需要一种最先进的大学体制。广东已经作出巨大努力，虽然通过在广州建立大学城及系统性地更新学校设施建立这样一种系统，但仍可进行许多其他工作以加强教学人员储备并提高学生的技能及整体就业率。

五、开放式创新生态系统对重新构建广东经济发展全新优势的重要作用

爱立信公司总裁兼首席执行官卫翰思：尽管“开放式创新”这个概念已推出多年，并已在许多国家获得了广泛的关注，但在中国，与“本土化创新”或“自主创新”相比，对“开放式创新”的探讨才刚刚开始。我们认为，广东省政府提出“开放式创新”的举措是朝着打造一个更加开放和协作的环境、释放创新活力的方向迈出坚实而必要的一步，这将为广东经济发展重建全新优势提供重要的动力。

创新一直是爱立信在世界舞台上取得成功的基石。作为企业的长期战略，开放式创新在爱立信以多种方式实施多年，包括与领先客户和供应商建立创新联盟、与产业界和学术界开展共同研究、授予知识产权许可，以及通过大学合作和公司收购等方式开展的知识和技术转让。

1. 开放式创新的概念

研究表明，开放式创新是指产生创新的过程。随着研发和市场的快速全球化，创新正在变得越来越开放，越来越需要协作。

此外，前所未有的变化速度、突破性的技术和竞争对手的大举进入，也在改变着创新的性质和竞争优势的基础。只有推出新的创新模式，才能在全球网络化和知识密集型经济中开展竞争。

亨利·切萨布鲁夫在其广受赞誉的文章《开放创新的时代》（2003年）中指出，企业正在越来越多地重新考虑它们产生理念并将其推向市场的根本途径。在“封闭式创新”的旧模式中，企业认为创新过程需要由本企业控制，即建立在自力更生之上。目前，在许多行业，内部导向、集中方式的研发逻辑已经过时。如今有用的知识得到普遍传播，有用的创意应得到快速实施。这些因素创造了开放式创新的新逻辑，即外部想法和知识应与内部研发相结合。这种变化为创造价值提供了新的方式和新的机遇。

开放式创新的特点包括：外部协作、知识团体和创新生态系统，其中通常涉及大学、科研院所、供应商、合作伙伴、竞争对手、政府和非政府组织的参与。

因此，开放式创新不仅与企业有关，而且关系到地区和国家层面，这是因为创新越来越多地来自于组织间的合作，涉及各个层面的各个参与方。

在一定程度上，任何组织都应该将开放式创新看作是一种价值观或思维方式。关于开放式创新方法的研究表明，经济制度、体制和文化因素对企业参与开放创新的行为有很大的影响。例如，一个国家的知识产权政策对知识的发展和传播有着重要的影响。

开放式创新的最大好处是能够产生更多的知识和技术。企业通过多种方式获得外部知识，包括与外部组织建立合作伙伴关系（如联盟、合资、联合开发等）、收购或出售知识（如合同研发、购买、许可）。除了这些常见的模式，开放式创新还在更多地通过企业风险投资（如大学股权投资或风险资本投资基金）来实现。由于竞争日趋激烈、知识传播范围更广、速度更快，企业，特别是跨国企业越来越多地在各国采用“创新生态系统”，在区域和国家创新系统之间创建跨境节点。

2. 开放式创新生态系统的作用

因为创新生态系统的概念建立在良好的组织间的技术和信息流动的基础上，所以人与人之间、企业和机构之间的技术和信息交流是创新的关键。

开放式创新生态系统认为创新是一种系统性活动，所有参与者都起着独特的作用，包括民间团体、学术界、私营部门和政府，都在促进利益相关者之间的互动，推动他们实际参与到创新活动中来。

创新始于一个个好的理念，而理念需要转变成有用的商业和社会成果。创新生态系统不仅包括知识投入，而且联合所有相关因素和利益相关方，为客户创造价值。

高度发展的创新生态系统使参与者能够跨越企业工作，着眼于为客户创造价值，对市场需求变化作出快速反应，加快从研究到生产的转化，从而更加适应变化。因此，创新生态系统创造了一种源自协作的优势，这是未来增长和赢利的战略资产。

创新不可能闭门造车。因此，促进创新利益相关者（即企业、政府、高校和科研院所）之间的协作和合作，已成为许多国家创新政策的基本组成部分，因而为开放式创新建立强大和可持续的生态系统至关重要。

正如经济合作与发展组织（OECD）所强调的，能够吸收新技术和新工艺并且开发创新产品的企业是那些建立了有利于产生新理念和新观念，并适应新环境的企业文化和制度的企业。

广东省政府已经认识到，在建立开放式创新体系中，企业将发挥重要作用。

3. 我们的建议

基于开放式创新全球趋势的讨论和在协作化理念管理上的经验，爱立信提出以下两点建议：

第一，在开放的创新环境中，政府发挥的作用是发展、促进和吸引国内外创新利益相关者之间的合作。毫无疑问，我们必须在体制、财政、法律、基础设施和服务领域建立或加强一系列的体系。换言之，生态系统对于支持和鼓励创新协作必不可少。

第二，建立卓越研究中心（Centres of Excellence）网络，创造企业、高校、科研院所和其他组织机构之间长期创新协作的环境。

一些开放式创新的研究表明，大学和公共研究机构在企业开放式创新战略方面日益发挥着重要作用，这些机构不仅是基础知识的提供者，而且也是潜在的合作伙伴。

从国家或地区的角度来看，建立卓越研究中心已被视为联合大学、产业和科研院所的有效举措之一，以提高专业人员的专业知识水平，提高创新的生产力，并确保教育和科研体系满足行业需求。有研究认为，这种做法是开放创新生态系统的组成部分。

建议广东省政府可以在广州市尝试该举措，通过建立卓越研究中心网络，吸引国内外人才，并通过国际交流促进人力资本的流动。

第二章

论坛旋风

【提要】

当前世界经济变革如潮汹涌，广东如何加快金融创新，助力新兴产业发展？如何推动“两化融合”促进广东转型升级？在经济与社会的转型中，如何为人们构筑一道幸福的“保障墙”？

针对这三大宏观而务实的问题，2011年11月15日，来自世界各地的15位顾问及各方代表云集广州，分别召开“转型升级、智造先行、深度融合、再创辉煌”、“增创金融与科技融合新优势，加快发展新兴产业”、“保险，让生活更幸福”三场主题鲜明的专题论坛。

专题论坛上，顾问及各方代表各抒己见，从世界格局谈到广东发展，从经济形势延伸到民生民情，从思想观点的交锋到综合结论的殊途同归，三场不同的论坛，为观众带来三场不同的思想饕餮盛宴。

第一节　转型升级、智造先行、深度融合、再创辉煌

[上半节]

时间：2011年11月15日9：00—10：30

地点：广州东方宾馆

主题：加快工业化与信息化的深度融合

主持：广东省人民政府副秘书长　林英

演讲人：国家工业和信息化部副部长　杨学山

广东省人民政府副省长　陈云贤

广东省经济和信息化委员会主任　杨建初

卡内基梅隆大学校长　杰瑞德·柯亨

【主持人引言】

林英：这次专题论坛是2011年广东经济发展国际咨询会的一次重要活

动。我们邀请了政府部门、行业龙头企业代表和世界知名专家学者等亲临会场，围绕“转型升级、智造先行、深度融合、再创辉煌”这一主题，相互交流、深入探讨如何通过强化信息技术在企业和产业中的应用，加快推进我省工业化与信息化深度融合，促进产业转型升级和幸福广东建设。

【论坛发言】

“两化融合”是产业转型升级的重要手段和突破口

陈云贤：广东是中国内地改革开放的先行省，全省陆地面积17.98万平方公里，海岸线总长4100多公里，常住人口1.04亿。改革开放30多年来，广东地区生产总值年均增长13.6%，经济总量连续22年位居中国内地各省区市第一。2010年，全省实现生产总值4.6万亿元，比2009年增长12.4%，占全国的1/9强，先后超过了新加坡、中国香港和台湾地区。人均生产总值折合近7000美元，进入中等收入国家地区行列。来源于广东的财政总收入达11851亿元，同比增长30.9%，占全国的1/7。外贸进出口总额7849亿美元，占全国的1/4强。2011年前三季度，全省生产总值达3.7万亿元，同比增长10.1%，继续保持平稳较快发展的良好态势。

众所周知，人类工业化发展经历了以机械化、电气化、自动化为主要特征的演进。进入20世纪70年代之后，全球信息化与经济全球化相互交织。信息化与工业化融合既是信息化发展的本质要求，也是全球工业化发展的必然趋势。

广东省省委、省政府一直高度重视信息化与工业化两化融合，坚持把“两化融合”作为产业转型升级的重要手段和突破口来抓。2008年我省专门出台了《关于加快推进我省信息化与工业化融合的意见》。2009年国家工信部批准珠三角地区为国家级“两化融合”试验区之后，我省又制订了《珠江三角洲信息化与工业化融合试验区实施方案》，确立了“突出重点、分类指导、以点带面、逐步深入”的工作策略，重点抓了“四个结合”。

一是把“两化融合”与提升制造业水平紧密结合起来。我们坚持把生产过程的信息化和生产装备的智能化作为制造业转型升级的重要途径来抓。2009—2010年，共安排技术改造、技术创新项目1350个，省财政扶持资金超过15亿元，地市财政配套超过5亿元，直接拉动社会投资近600亿元。其中，用于信息技术改造、“两化融合”的比重超过30%。如广州本田汽车集团，采用准时生产方式（Just In Time），实现了以同样的生产场地和生产线实现产量提升超过30%的业绩。2010年，全省工业增加值达2.3万亿元，比2005年翻了一番，5年年均增长14.4%，年均拉动经济增长6.8个百分点。全省先进制造业增加值占全省工业比重达47.2%，其中装备制造业增加值占全省工业的比重达33.6%，比2005年增长近100%，居全国首位。

与此同时，我们大力推进信息技术在节能减排设备工艺改造等方面的应用，大大提高了节能降耗水平。2010年，全省单位GDP能耗和单位工业增加值能耗分别为0.664吨标准煤/万元和0.753吨标准煤/万元，仅为全国平均水平的65%和40%，在全国首批60家“两化融合促进节能减排示范企业”中，我省有7家企业名列其中。

二是把“两化融合”与促进企业自主创新紧密结合起来。省财政每年安排1.8亿元专项资金支持中小企业加快自主创新和转型升级，共扶持中小企业技术创新、技术改造、公共（技术）服务信息平台建设项目4800多个，在全省100%的大企业和80%的中小企业中普及了信息技术应用。全省区域创新能力综合排名连续三年稳居全国第二，其中企业创新能力居全国第一。技术自给率从2005年的45%上升到2010年的65%，正加速实现从“对外技术依赖型”向“技术自给型”转变。截至目前，全省有效发明专利量51270件，占全国的18%，位居全国第一。其中企业拥有40174件，占总量的78%。企业在自主创新中的主体地位日益凸显，已成为信息技术应用和推广的绝对主力。

三是把“两化融合”与发展现代信息服务业紧密结合起来。我们大力发展涵盖信息传输服务、数字内容服务和信息技术服务的现代信息服务业。2008年以来，省财政每年安排2亿元现代信息服务业专项扶持资金，其中专门用于扶持制造业“两化融合”项目每年超过3000万元。政府扶持资金带动社会投入的比例超过1∶10。今年又实施了“两化融合牵手工程”，将制造业和软件信息服务业企业组织起来，实现“两化融合”对接。“两化融合”大大推动了软件服务业、集成电路设计业等信息产业的发展。2010年，全省电子信息制造业销售额达20389亿元，比2009年增长22. 6%，占全国的32. 2%。软件服务收入达2445亿元，同比增长23. 6%，占全国的18. 6%，稳居首位。

四是把“两化融合”与发展战略性新兴产业紧密结合起来。“十二五”期间，我省省级财政将安排220亿元重点扶持高端电子信息、新能源汽车、LED等战略性新兴产业的发展，尤其是对新一代通信、高端电子元器件、工业装备软件、嵌入式系统、物联网、云计算等“两化融合”基础性、关键性技术予以重点扶持，这将大力推进“两化融合”在战略性新兴产业中的深入发展。目前我省物联网和云计算已呈现快速发展的态势，深圳国家超级计算中心建成并投入使用，东莞、佛山云计算中心初步建成。2010年，全省战略性新兴产业总产值超1万亿元，同比增长19. 5%。其中，高端新型电子信息产业产值达4848亿元，继续领跑全国。

“五个大力”推进“两化融合”

陈云贤：当前，广东正处于深化改革开放、加快转变经济发展方式的关键时期。经过改革开放30多年的高速发展，下一步，广东将围绕“加快转型升级、建设幸福广东”这一核心任务，大力推进信息技术在工业各领域的应用、渗透和融合，具体将抓好五个方面工作：一是大力推进“两化融合”过程中的技术创新。实施关键技术重点突破项目，争取在新一代移动通信、数字音视频、信息安全等关键技术领域取得突破。大力发展信息技术催生的汽车电子、医疗电子等新型优势产业。利用信息技术促进装备制造技术创新和产品创新。二是大力推进重点行业信息技术应用。加快电器机械、医药、汽车等重点行业信息技术改造，实现生产控制程序化、自动化，企业管理网络化、智能化和集成化，提高企业综合竞争力。强化高耗能行业生产设备数字化和智能化，推动节能减排。三是大力推进中小企业信息化。重点做好面向专业镇、工业园区、产业集群的公共信息技术服务平台建设，为中小企业提供信息技术服务支撑。大力发展电子商务，以信息技术帮助中小企业开拓市场。四是加快发展物联网、云计算等新技术产业及其应用。依托物联网和云计算产业基地，推进物联网、云计算技术在工业产品设计、生产流程、物流与供应链管理等领域的应用。大力发展现代信息技术服务业，提升金融保险、现代物流等现代服务业发展水平。五是探索“两化融合”带来的商业模式创新。利用物联网等信息技术的发展，改革创新传统企业的设计、展示、销售等商业模式，全面提升企业在国际市场上的竞争力。

从“两化融合”到“两化深度融合”

杨学山：推进信息化和工业化的融合是党中央、国务院顺应经济全球化、全球信息化的发展大趋势，应对中国工业转型升级、转变发展方式的迫切需要作出的重大的战略决策。工业和信息化部作为推进“两化融合”的主管部门，这几年来，举全部之力和各省市工业和信息化部门的同志一起主要在三个方面推进“两化融合”工作。

第一个方面是我们推进了“两化融合”试验区的工作，前后两批我们推动了16个企业“两化融合”试验区的工作，通过试验区，我们来探索在企业范围内如何根据企业的产业特征推进企业、行业“两化融合”工作的经验。第二个方面是抓了“两化融合”的评价指标的工作，我们对重点行业，在总结企业推进“两化融合”工作的基础之上，一个一个地不断总结分析，提出了若干个重要行业的“两化融合”的指标，这样对推进“两化融合”工作不仅起到了评价的作用，而且也起到了引导的作用，使大家明确了“两化融合”发展的方向和各阶段的发展目标。第三个方面我们是抓了“两化融合”的典型经验的总结和推广工作，总结和推广分两条路线，一条路线是重要的行业，我们针对原材料工业，比如钢铁、建材，我们针对装备工业、消费工业召开了全国的经验总结会，把“两化融合”做得好的领域经验总结起来，然后在全行业推广。另外一条路线是针对工业发展的关键问题，比如安全生产、节能减排、诚信建设，我们召开专题会议，在专题方面进行总结和推广。

金融危机以来，中国的工业发展面临着一系列新的挑战，这些挑战来自多个方面。比如劳动力成本的提升，由于金融危机带来的贸易保护主义的提升，我们对节能减排、气候环境更加地关注，这些问题都使得我们如何利用信息技术来提升改造工业提出了更加迫切的需求，所以在十七届五中全会上提出了“两化深度融合”的要求。

从“两化融合”到“两化深度融合”，我们如何理解“深度”，如何理解“深度融合”对解决工业发展转型中面临的关键的、基础的、刚性的约束起到重大的作用，这既是我们需要思考和探索的问题，也是我们启动全国“两化融合”深度行的原因。两化深度融合首先要在深度上下功夫，要从两个角度去看，一是从微观的角度，二是从宏观的角度。从微观的角度，我们每一个工业企业都要让信息技术在工业企业的各个环节的应用更加深入，更加有效。在座有很多企业，都已经感到信息技术对企业从产品到工艺、到装备、到生产线、到管理、到销售、到物流，在各个方面它都发挥了作用，但是从深度上看还远远不够。在这几年时间里，各个行业发掘和集结了一批有先进经验的企业，这些企业在企业的整体以及信息技术应用方面取得了十分好的成效，但是我们看一看，我们这些先进经验和其他企业之间有多大的差距。我们在一次次的分析讨论会议上，都看到这些差距十分地大，也就是说信息技术对于整个工业发展的贡献还没有发掘出来。若发掘出来且不用说走在前头的企业能继续往前走，而且走在前头的企业若能够让其他企业发挥同样贡献的话，就对解决工业发展面对的关键问题具有重大的作用，就对工业的转型升级起到重大的基础性的作用。

我们在过去的几年里面推广了不少节能减排的先进经验，比如一些能耗大户企业的能效管理经验，能耗大户的生产流程推动信息技术的改造经验，都会有10%甚至20%的节能效果，而这样的技术推广显然对实现节能减排的目标具有重要的意义。

在许多装备上，信息技术在不断地深化，这使得我们的加工工艺水平不断地提升，但是还有大量的加工装备数字化的水平还比较低。很多企业在物流库存管理环节通过物流的信息化，通过传感技术和物流信息化系统的推进，使得物流成本大幅度地降低，但是还有许多地方没有改善，物流成本依然是制造业成本相对国际先进水平来说差距比较大的地方。

所以，我们从微观的角度看，深度就是要在各个领域，从工业的产品、装备、工艺、生产线、生产过程管理，一直到各个环节，使得信息技术的作用、潜力能够充分地发挥起来，透过信息化的平台，使得企业的竞争力、劳动生产力得到全面的提升。在这里面，提升企业的劳动生产力已经是中国企业面临的最紧迫的问题之一。中国在2010年根据调整后的国民生产总值，我们的人均国民生产总值已经在4500美元左右。在经济学上有一个提法，叫做“中等收入陷阱”，也就是说当人均国民生产总值到了4000美元到5000美元的时候，制造业的劳动力成本的敏感性将会充分地显示出来。在这个时候，如果劳动生产力不能提升，且劳动生产力上涨的速度不能快于劳动力成本的话，就会陷入经济学意义上的“中等收入陷阱”。而提高劳动生产力正是我刚才说的，要在各个环节通过信息技术的应用来全面地提升。

而对于企业来说，除了劳动生产力提升之外，还有一个十分重要的内容，即提升核心竞争力，提升以创新能力为基础的核心竞争力。在很多先进企业，通过信息化的平台，提升创新能力，加快新产品的研发设计速度，已经取得了很大的成效。我们需要把这样的经验总结起来，为企业提升核心竞争力，使其从产业链和价值链的低端走向高端，这是我们面临的十分迫切的任务。“两化深度融合”从微观的角度看十分重要，从宏观的角度看更加重要。因为劳动生产力的提升、经济运行的质量、工业的转型升级，既要落实在一个一个微观的企业，也更需要改善宏观的环境，因为今天的经济活动是广泛连接的，是全球化的，所以企业效率的提升、成本的降低，不仅依靠单个企业的努力，而且也需要全社会创造更好的环境。

比如物流成本的降低，就不仅仅是单个企业的努力所能做到的，而是要全社会共同努力。从产业的布局到运输条件的改善，再到各个相关环节的调整，信息技术在这些环节中都发挥着重要的作用，在信息技术的支撑下，我们可以创造一个全社会的更高的运行效率，从而提升整体的经济质量。比如电子商务，电子商务为什么会如此重要，电子商务为什么在各个企业和社会上取得快速的发展？其重要的原因就在于它在整体上提升了经济经营的效率，降低了成本。

从宏观的角度看，除了在这样综合性的电子商务物流以及其他整体活动上，通过信息技术提高效率、降低成本之外，还有一个十分重要的方面，就是要加强宏观经济的预测、分析、预警。经济的全球化和全球的信息化，使得经济的发展瞬息万变，我们在研究问题、分析问题和作决策的时候，面临的信息环境更加复杂。在面临复杂的信息环境时，如果没有信息化的手段，不能对影响企业的决策和国家的宏观经济决策相关的信息进行全面的收集、及时的处理，进而得出正确的结论的话，我们就处于盲目的境地。在世界经济危机越来越复杂，相互之间的联系越来越广泛的时候，通过信息技术来广泛地收集信息，提高我们分析、预测、预警的能力成为经济转型升级、搞好宏观调控、企业作出正确决策的重要基础。

“两化深度融合”是一个新事物，我们还在探索，尽管取得了很多的经验，但是我们对发展的路径、发展的规律的认识还处于早期阶段，所以需要来自各方各界的朋友、各个企业的同人来共同努力、共同探索，来寻找具有中国特色的“两化融合”、“两化深度融合”的发展道路。

广东是中国工业的大省，制造业门类齐全；广东也是中国信息化发展的排头兵，广东是“两化融合”试验区的首批地区之一，广东在“两化融合”中取得了很多成就，也有很多经验，我相信通过这次会议的召开和全国“两化融合深度行”，经验将会得到提升和发展，将对广东转型升级、经济发展转型起到重要的作用，同时也为中国“两化融合”的发展提供好的经验。

教育与合作推动技术革新

杰瑞德·柯亨：我来自美国的匹兹堡，匹兹堡市在美国也经历了广东现在正在经历的很多类似的转型升级，匹兹堡的发展曾经一度依赖于低成本的劳动力和高能源和资源的消耗，此后我们通过技术的革新来推动匹兹堡的可持续发展，我想匹兹堡的经验对于广东省目前的转型升级也是非常有借鉴意义的。

教育与合作是匹兹堡成功的两大要因，而我想教育与合作对于广东也是非常重要的，所以我今天主要想谈一谈教育与合作这两个问题。

卡内基梅隆大学（Carneigie Mellon University）是一个世界上领先的研究型大学，它在信息科技方面是非常领先的，我们作为一个研究型的大学，全体师生在发现和研究问题上面所花的时间与他们在教学上面所花的时间是差不多的，我们工程、计算机、机器人、金融、心理学、音乐、艺术等学科都是比较领先的。同时，我们也非常注重跨学科合作，使不同学科的研究人员能够携手解决一些问题。比如，计算机的科学家和心理学家一起开发学习软件，设计师、营销专家和工程师合作研发新型的消费产品，机器人研发专家同水质检测专家合作开发新型的污染感应装置。在我们大学，几乎每一天都有跨学科的合作项目进行。

在我们大学，每一位同学都有各种机会在自己的专业领域进行研究和探索，因为我们相信，提出疑问、收集材料、寻找答案、得出结论是人类进行创新和取得成功所必备的最基本的条件。我们所教学的以及我们所实践的，对于广东省的转型和升级来说也将是有借鉴意义的。广东已经确定了它的主要任务就是转型升级，那么它必须要从历史上、从其他国家和地区去吸收经验和教训。要知道我们今天如何迈开这一步，我们不妨回顾一下历史，并从中吸取教训，尤其当我们要弄清楚高科技产业如何才能发展壮大，以及为什么高科技企业只在某些区域才能茁壮成长的时候。

现在我们看看美国在这方面的教训，我想用底特律产业的例子。在美国，汽车制造业集中在底特律和密西根，而信息技术产业则集中在加利福尼亚州北部，通常称之为“硅谷”。卡内基梅隆大学的经济学家史蒂芬·克莱伯（Steven Klepper）教授设法研究这些区域为什么能够得到发展，如何得到发展，为什么一些企业会成功，一小部分企业还会独占鳌头。

轮胎制造业是克莱伯教授的研究领域之一。今天，这不是科技含量高的企业，也不是什么令人激动的产业。但是，在100年前，轮胎制造业却呈现出一片欣欣向荣的景象。在20世纪20年代，该产业达到了它的鼎盛时期，在美国和加拿大，轮胎制造厂共有120多家。但是，到1924年，该行业进行了淘汰重组，仅有少数几个公司生存了下来。这个产业的竞争非常惨烈，最后几乎所有的赢家都集中在一个很小的城市，这就是俄亥俄州的阿克伦市。到1915年为止，阿克伦市和周边企业所生产的轮胎占美国轮胎生产总量的50%。到1930年为止，他们控制了全美60%的市场。这些公司支配和引领这一行业。这是为什么呢？为什么这些公司都集中在俄亥俄州的这样一个小城呢？其实阿克伦成为轮胎的制造中心，它和其他城市相比并没有什么优势，阿克伦与原材料供应地相距遥远，没有很明显的成本和运输方面的优势，阿克伦也没有很多技术熟练的工人，这方面他和美国其他城市也没有很明显的区别，那为什么它会成功呢？答案就是合作。

阿克伦的第一家轮胎公司是百路驰公司。该公司始建于19世纪70年代，主要生产自行车轮胎，而且生意非常红火。大约10年之后，该公司轻松转型，转而生产汽车轮胎。该公司的经理们了解橡胶，知道如何组织生产，了解顾客对轮胎的需求。于是，他们将现有的生产自行车轮胎的技术转移应用到汽车轮胎的生产。到1895年为止，该公司成为轮胎市场的佼佼者，甚至还率先成立了实验室，研究如何提高轮胎的质量。但是，正是因为百路驰公司一度成为美国轮胎业的翘楚，有很多员工也慢慢在积累了一定的经验和技术以后，离开百路驰公司，自己去创业，他们开始寻求新的理念，建立自己的公司，他们选择留在阿克伦市创业，因为他们的家人都住在阿克伦，而且他们知道阿克伦有一些熟悉伦敦制造技术的工人。当然，这些工人纷纷跳槽，百路驰公司的经理很不高兴，因为他们原来的员工很快就成为了他们最强劲的竞争对手。这些人了解轮胎行业，了解轮胎市场，他们会抢走公司的熟练工人，他们认识愿意提供启动资金的投资者。随着时间的流逝，百路驰公司在激烈的竞争中不断发展、成长壮大。当然，阿克伦市也成为轮胎业的中心。

轮胎制造知识的口口相传和亲手传授是这些公司和阿克伦市成功的关键。克莱伯教授称这种一对一的技术传播为“组织能力”。正是这种合作告诉了人们，本行业的各种组织应该如何管理和如何进行。

组织能力并不仅仅是学生在书本和课堂里面学到的知识，它实际上是非常务实的，它是每一天人们重复在做的事情，而且随着时间的推移会不断地演化，不断地积累，成为新的经验，组织能力建立在人们做某一件事情的经验、态度、期待、规则，甚至是直觉的基础上。

克莱伯教授已在全世界的许多工业企业里找到了这种模式。企业界精英将组织能力传授给自己的员工，然后，这些员工从公司中脱离出来，组织子公司。这是企业在某一区域发展壮大的关键，也是某一个行业能够取得不断发展壮大的关键。赢家从赢家那里相互地学习。

大家也会提到，谈到教育，大学在这里扮演什么样的作用？我作为一个大学校长，如果我告诉大家对高新技术产业而言，如果要在某区域创建一个工业中心，那么大学在其中有着举足轻重的地位，你们也许不会感到惊讶！发展技术密集型企业需要大量训练有素的年轻工程师和科学家，他们将引领公司的技术创新和发明创造。为此，大学招收和培养有这种潜力的学生。我们不断培养热爱科技、了解和掌握最新理念和方法的人才。他们中间的一些人会崭露头角成为商界的精英。

我们谈谈美国硅谷半导体行业，硅谷是和当今的信息技术紧密地联系在一起的，在硅谷集聚了一大批信息技术顶尖的企业，比如惠普（HP）、谷歌（Google）、苹果（Apple）、甲骨文（Oracle）。但是，硅谷名字的由来，多半是由于那里迄今为止长盛不衰的硅片和半导体工业。这一工业于20世纪60年代突飞猛进，硅谷因此得名。正如轮胎制造业可以追溯到百路驰公司一样，硅谷的很多公司也可以追溯到一个称为飞兆（仙童）半导体的公司。对此，你应该不会感到惊讶。

你已经知道了为什么，因为仙童公司（Fairchild）同阿克伦轮胎制造业的模式完全一样：员工在仙童公司学会组织能力后，就离开母公司去创办分公司。出类拔萃的子公司又去开办分公司。离开仙童公司的员工中有一个叫戈登·摩尔（Gordon Moore）的人，他同罗伯特·诺伊斯（Robert Noyce）一道继续创业，创办了最重要的公司——英特尔公司。这是世界上最大的半导体公司，而且非常成功。摩尔有着深邃的思想，曾经写过有关我今天称之为组织能力方面的文章，并坚称他和他的同事在仙童所学到的东西是十分宝贵的。而摩尔也坚持认为，科技公司的创办首先要有技术专家、工程师或科学家，对高科技的公司而言尤其如此。而这些也是大学培养人才的关键所在。仙童公司聘用了像戈登·摩尔这样一些充满智慧、训练有素的专业人才，然后，又培育出了一批戈登·摩尔称之为技术专家型的经理——那些既有科学家的头脑又有组织能力管理科技公司的人才。他们知道如何管理有一技之长的熟练工人，知道如何将公司的目标同对员工的物质奖励结合起来，知道如何组织生产，知道如何鼓励不断改进和创新。

高校智力支持区域转型升级

我所在的卡内基梅隆大学相信合作的重要性，在校园里，我们各学科、各部门以及各学院之间不断进行合作，而且与全美国的其他大学同行进行合作。比方说，几个月前，美国总统奥巴马来到我校宣布一种新型的先进制造企业同大学进行合作的伙伴关系。这种合作关系将会使美国的名牌大学如麻省理工学院、斯坦福大学、卡内基梅隆大学等同美国的制造企业连接起来，共同研发能够支撑高水平制造工艺流程的高新技术，如生物技术、机器人和计算机工程。

奥巴马总统之所以选择在卡内基梅隆大学的全国机器人工程中心宣布这一消息，是因为该研究中心长期以来同各公司密切合作，并开发了很多举足轻重的科研成果。这是大学研究中心同工业企业成功合作、开花结果、开发创新的典范。

卡内基梅隆大学还同全国各个大学以及本市的科研组织进行合作，以支持本区域的经济发展。你们也许知道，安德鲁·卡内基（Andrew Carnegie）就是我们大学的创始人，卡内基先生是钢铁大亨，他曾经想专门为他钢铁厂的工人子弟创办一所学校。卡内基先生坚信，高等教育能够而且应该加强各社区之间的联系和纽带。

安德鲁·卡内基先生在19世纪80年代的时候，在匹兹堡建立了钢铁制造基地，匹兹堡是世界的钢铁制造中心，在往后将近100年的时间里，该区域一直保持着这一地位。然而，随着时间的推移，全球经济的变革和技术领域的革命使钢铁业发生了戏剧性的变化。到20世纪80年代为止，该区域大部分的钢铁厂都已关门倒闭，成千上万的工人失业，该区域的经济严重衰退。此时，卡内基梅隆大学的前几任校长会同匹兹堡大学的同僚，协同该市的政府领导，为该区域的发展出谋划策，为该区区域经济发展打下了良好的基础。

今天，匹兹堡的经济增长点越来越多地建立在卫生保健、医学研究、高新技术和教育的基础之上。匹兹堡的转型使我们城市的经济发展更加多样化，而且，同不断发展的世界经济的联系更加紧密。近年来，匹兹堡虽然也受到了世界范围经济危机的影响，但是，同美国其他许多区域相比，该区域受的影响要小得多，而且，我们的经济恢复要快得多。这表明合作和教育一直是我们成功的关键。我相信，我们与世界各地的大学进行合作，以促进制造业发展的机会同样还很多。这种合作模式可以通过双学位项目联合培养硕士研究生或共享研究项目。中山大学和卡内基梅隆大学签署了合作备忘录，建立两所大学之间新的合作项目，这个合作备忘录我觉得对于广东的未来是非常重要的。我们应该鼓励这种科技合作，因为这里面有着巨大的潜力。

卡内基梅隆大学工程与公共政策系，有一位名叫爱瑞克·佛奇（Erica

R. H. Fuchs）的教授，她专门研究工程设计和有效的技术管理。她着重研究国家和区域之间的比较优势如何影响制造业的决策与成功。佛奇教授认为，不同国家和区域之间，参照学习彼此的长处，扬长避短，进行合作，从而创新科技，这对制造业领域而言是十分宝贵的。通过合作，运用我们各自的优势去解决共同的难题，我们就有望能找到一些可以使不同区域、不同经济投入能发挥最佳效能的解决办法。这些解决办法能加快科技进步的步伐，鼓励更多的发明创造，提高生产效率。

让我再来举一个例子，卡内基梅隆大学正在开展多样化的合作研究项目，比方说，我们研究如何在基础设施建设方面，使用传感器监测桥梁或铁路的安全、建筑物的节能环保、大气污染等。一方面，传感技术可以在中国正在快速兴建新的基础设施中得到开发利用；另一方面，在美国和欧洲，我们也可以将传感技术利用在维修或重建现有的基础设施上。

换句话说，中美两国的大学和工业企业可以携手合作研发这种技术，以不同的方式运用于我们不同的区域和市场中。这种合作既有共同点，又有很多不同点，它会使科技企业更加充实和丰富，这种技术将给世界带来更多的福祉。我们在很多领域都可以按传感技术的方式进行，如电车技术、能源技术、机器人技术等。我们的差异成为我们合作的另一个理由和基础。

今天，科学家和科技公司正在使用信息技术和社会网络来加强这种合作。互联网的发明也大大地有助于科学家们分享文献资料、交流思想，这种彼此合作的机会是无限的。大学是思想的源泉，也是人类进步所必需的人才的摇篮。合作——人与人之间、机构与机构之间、大学与企业之间——是成功的又一关键。我们携手合作要比单打独斗强得多。因此，高等教育与携手合作是建构组织能力、培养技术专家型管理人才的重要手段。

［下半节］

时间：2011年11月15日10：30—11：30

地点：广州东方宾馆

主题：加快工业化与信息化的深度融合

主持：广东省经济和信息化委员会副主任　邹生

演讲人：富士通株式会社会长（董事长）　间塚 道义

日立集团会长（董事长）　川村 隆

美的集团副总裁　邓奕威

互动嘉宾：

卡内基梅隆大学校长　杰瑞德·柯亨

富士通株式会社会长（董事长）　间塚 道义

日立集团会长（董事长）　川村 隆

广东省经济和信息化委员会主任　杨建初

美的集团副总裁　邓奕威

广东工业大学校长　陈新

【论坛发言】

发展信息通信技术服务业是打开未来发展之门的重要钥匙

间塚 道义：众所周知，目前全球经济陷入了一种严重的信任危机之中，我们对未来的经济景气恢复的预期可能不那么明朗，但世界各地都在努力寻求积极的经济增长方式，并且希望通过信息产业的发展进一步给产业发展带来新的活力，过去的经济发展模式大家都有很多总结，实际上是通过大量的资源和劳动力的投入来实现的。正如全球著名的罗马俱乐部所论证的一样，在现有的经济增长模式之下，世界经济增长已经到了一定的极限。今后我们的经济增长如何实现产业向更加合理的方向发展，值得我们特别考虑，尤其是经济发展的方式。用一句比较有代表性的话来说，今后的经济增长要实现以人为本。

我们在海外媒体也关注到，今年是我们实施“十二五”的第一年，“十二五”规划提出的核心基础是科学发展观，为了实现科学的发展需要从以下四个方面进行一系列的努力。一、调整经济结构；二、转换产业结构；三、改善生态环境；四、推进城市化发展。通过我们对中国第12个五年规划的具体研究，从具体内容来看，重点包括7个重要产业，其中信息通信服务产业占据了很重要的位置，这其中包括大家特别关注的新一代的网络和物联网的内容。可以说，通过这些产业的发展，将使中国的国民共同去实现一个举国数字化的构想。

日本被全球评为信息产业非常发达的一个国家，从日本政府来说，对于信息通信技术的程度的要求也达到了空前的高度，在日本国民中将网络视为自己工作生活中重要信息来源的已经从2005年的41.4%迅速增长到2010年61.4%，增幅为20%。

在此我也想介绍一下信息通信技术新的实用例证。随着云计算的发展，高效行政也成为可能，我们也和中国行政学院进行共同研究。根据中国行政学院的论证，如果能实现电子政府的正常运作，国家之间形成信息共享，行政效率将得到进一步提升，政府的预算将可继续削减。我相信，在国家层面能做的事情，在广东一样能成为现实，也会有这样的需求。

广东描绘自己的未来不单单是着眼于中国的广东，更应该着眼于世界的广东这样一个大的定位。那么，在这样一个大的愿景的实现过程之中，广东必须大力谋划实现产业转型，而在这个目标的实现过程之中，信息通信技术服务业的发展至关重要。

我有一张图片，这张图片反映了中国主要的省份和直辖市的信息通信技术产业的发展规模。显而易见，在这样一个产业领域，广东可以说毫无疑问地处于中国的龙头领先地位，当然也毋庸讳言，今后在这一产业广东发展的潜在能力依然非常巨大。从中国国内区域来看，信息服务业的市场比例，华南地区并不是全国第一。广东在不断发展信息服务业、实施信息服务产业战略之后，我们觉得在实现广东全省的数字化以后，应该着眼实现整个华南地区100%的数字化覆盖。因为广东省在整个华南地区产业发展过程之中可以说是一个大后方。

广东作为世界和中国之间联系的一个重要的桥梁，有必要谋求大的经济结构的转换，其中发展信息通信产业将是开展未来发展之门的最重要的一根钥匙。从中国主要的省份和直辖市的ICT服务行业的发展规模来看，实际上广东已经成为中国的一个重要的龙头。在中国，我们来展望一下ICT信息技术产业发展的未来方向。到目前为止，中国的信息产业发展一直以来依据着国外的外包服务而不断发展，但是随着整个国际市场上大的变化，外包产业需求将会不断地减少，中国如何面对这样一个新的经济形势，更好地实现信息通信技术产业发展将成为一个新的具有挑战性的课题。

我们在发展信息通信技术产业的时候可以看到它的优点和其对产业发展所产生的重要作用：第一，能够提高生产效率。第二，能够改善国民生活的便利性。第三，通过信息产业的发展能够实现社会安全和国民安心的这样一个和谐社会的建设，这也正是通向我们实现以人为本的社会建设的成本和桥梁。要实现这样一个目标，就要进一步夯实社会基础设施建设，建立高效能的数据中心，通过这样一个数据中心对各种意见进行决策，同时为决策提供相关的服务。也就是说，数字中心作为统筹和实行信息产业发展的一个基础设施，是一个不可或缺的重要因素。

作为一个参考，我也想借此机会介绍一下日本政府在推进知识信息产业发展方向所重点推进的几个要点。第一是新兴事业发展，第二是研究开发，第三是国际性战略，第四是标准化战略，第五是提升地方经济发展的活力。当然，讲这些并不是说广东省要照搬日本政府的发展战略，而是要因地制宜，根据广东的实际情况选择最适合自己的信息科技产业发展定位。举个灵活运用信息通信技术产业发展的新的实例，这也是日本销售业或者是零售业具有龙头地位的实例。日本国民在买东西的时候，可以通过电子积分参加大型商店的活动，而且在支付时可以采取自由的支付方式，这种商业形式的开展大大地方便了消费者的消费活动，而且也为企业以及政府和地区经济出现更多活力作出了巨大而积极的贡献。

通过这样的方式，根据人们行为方式的不同以及围绕这些方式产生的社会环境，通过对它的思考和理解，通过信息通信技术软型服务的提升，我们相信这一产业对未来的经济生活将发生巨大的作用。我们通过分析不同的数据，通过我们的智慧进行梳理和组合，以此解决企业和社会的课题。同时因地制宜地提供人们所需要的丰富多彩的活动非常重要。我们富士通株式会社把这样一个新的服务称为一种集中式服务、打包式服务，这也将是我们在今后一个时期和长期重点推进的一个重要的工作任务和战略目标。

我觉得，要实现信息通信产业在广东的更好利用，实现更高层次信息产业经济结构的发展，首先，广东可以考虑将战略重点转移到更为广泛的数字广东的建设上面，使之得到更好的提升。此外，我想要实现这一目标，应该培养更多能够有利促进这一产业发展的信息通信技术领域的人才，而且必须在培养本地代理店的基础上促进本地企业与外资企业的合作。

企业实践：智造制造促进传统产业转型升级

美的集团副总裁邓奕威：结合美的的“两化融合”实践作一个报告，我的题目是“智造制造促进传统产业转型升级”。

美的集团于1968年创立，目前已是全球最大规模的白色家电企业，拥有美的电器、小天鹅、威灵控股3家上市公司，拥有美的、小天鹅、威灵等10多个品牌。2010年，美的集团销售收入1150亿元，美的核心经营产品为空调、冰箱、洗衣机、小家电等全系列白色家电，拥有中国最大最完整的空调、微波炉等7大产业链以及小家电和厨房家电2个最大最完整的产业集群。“两化融合”在这方面是一个非常大的转变。目前美的在全球设有30多个分公司或办事处，国内有14个生产基地，在越南、白俄罗斯、埃及、巴西拥有4个生产基地。这种跨区域和全球化的产业布局也对我们在“两化融合”方面，尤其是在全球化信息化建设方面提出了很高的要求。

美的在“两化融合”方面的做法：一是美的的智造制造战略。当前，行业竞争激烈、材料成本、节能环保等诸多因素使传统制造业面临着转型升级的压力。美的集团积极实践“134智能制造”转型战略，即“1”个中心：高度智能制造，提升核心竞争力；“3”个转型：从注重增长数量向注重增长质量转型、从低附加值向高附加值转型、从粗放式管理向精益管理转型；“4”个方向，即工业化、绿色化、信息化、市场化。二是量化融合路径。党的十七大首次明确提出“两化融合”的发展方针，大力推进信息化与工业化融合，为企业转型升级指明道路。美的深度融合“研产销”全流程的信息化需求，进行两化融合升级。在实践中逐步体会到，只有认真执行两化融合的方针，才能将美的建成一个资源节约型、环境友好型、符合国家发展需要的现代化企业。三是美的智造制造策略。概括来讲，美的智能制造策略为“四化建设”，即智能生产、智能设计、智慧家电、信息化管理。通过信息集成，全局优化，逐步提高全系统的智能化水平，最终建立智能制造系统。

在“两化融合”战略下，美的在智造制造方面展开了以下实践：

第一，智能生产。一直以来，公司大力发展以“敏捷制造、智能化技术、物联网技术、清洁生产技术”为主的美的智能生产模式。通过保障“友好制造过程”，确保为消费者提供“友好产品”。（1）物联网应用方面：

公司建设基于RFID的中转库物流系统，实现了对物料的全过程管理和强化在线物料管理。（2）自动化生产方面：自主设计研发自动化设备，机加车间、注塑车间基本实现无人自动化生产，生产效率及产品质量显著提升。（3）清洁生产方面：美的积极实践清洁生产模式，致力于环境和员工无害化生产。旗下生活电器事业部于2011年4月通过广东省经信委审核，成为广东省内首家自愿认证清洁生产家电企业。（4）智能用能管理系统建设方面：公司引入智能用能管理系统，通过对用能进行合理调度，实现科学用能，年综合节电率15%。（5）智能物流监控方面：通过在物流环节应用路谱测试仪＋GPS，精确记录违规信息，数据客观，为物流管理提供有力的保障。

第二，智能设计。“十一五”以来，美的累计投入100亿元用于研发能力提升。着力从五个方面打造智能化研发平台，分别为：开发面向家电全生命周期的设计系统，全面开展系统仿真优化设计，导入TRIZ创新工具，打造高效模块化设计平台，建设全球同步设计平台。具体包括：（1）生态设计。美的按照产品全生命周期管理设计开发理念，进行了家电产品绿色化探索。美的自主开发了生态设计评估软件，对产品进行全生命周期管理，开发的洗碗机和空调待关机能耗分别低至0.3瓦和0.1瓦，目前是业界第一的领先水平。（2）高效模块化设计平台。公司实施“平台标准化、数据库标准化、体系标准化”三步走策略，完成打造高效模块化设计平台，缩短研发周期，提升效率，效益显著。（3）TRIZ创新研发工具导入。导入“TRIZ创新研发工具”，通过企业创新知识工程建设，促进企业技术升级。

第三，智慧家电。未来智慧家电主要将朝四个方向发展：智慧感知、网络交互、智能运行、自我管理。相信智慧家电将会让您的生活更加美好。

第四，信息化管理。美的信息化管理方针为：标准化、集成化、扩展化。从1996年美的空调作为家电业首家全面导入ERP系统以来，美的的信息化管理水平已日趋成熟。信息系统已经涵盖集团战略决策、研、产、销、金融、房产全流程管理。信息化管理有效地支持了企业的可持续发展。

美的“智造”的远景规划是，在“十二五”期间，深化应用并行工程、人工智能技术、虚拟制造技术、信息网络技术等先进智能制造技术，进一步提升智能制造水平。与此同时，随着全球化进程加快，美的对信息化水平的建设提出了更高的要求，将完成构建全球化IT运营服务支撑下的智能制造，以满足全球业务运营需要，助推美的顺利实现战略转型。

信息爆炸时代是实现信息化大发展的一个非常好的时机

日立集团会长（董事长）川村 隆： 日立在全球有2002亿美元的生产额，我们在国外的营业额占了43%，广东省的营业额超过了30亿美元，我们在广东省有27家公司，有15000名员工。日立公司在工业和信息化方面的一些成就，可以为广东带来一些启示。

在全球化问题上，我们在中国展开了一些社会基础事业。我们设想印度是继中国之后的另外一个成长大国，我们会在中国和印度这样的新兴国家开展越来越多的电力基础设施建设。比如在煤炭、电力方面，印度也增长得很快，我们也会同时去展开相应的基础设施建设，这是我们的使命。

我们通过和各种各样的合作伙伴来展开我们的联系，比如我们一起来建立智能型城市，天津有一个生态城市，大连也有一个生态城市。广州现在也在计划打造一个生态城市的建设，有IT、云计算等基础设施建设，希望能与我们合作，一起为广州建设作出一些贡献。在美国也有相关的建设，比如在夏威夷一个大会上就提到了生态环境问题，通过加强与合作伙伴的合作来加强生态环境的社会基础项目建设。下面讲一下我们与广东省的合作。我们有15000名员工在广东，我们的代表事业是电梯、升降机，以广东为据点，我们展开了全国的产业活动，另外我们也将要在四川成都的一些地方建工厂。

下面再谈谈在信息爆炸时代信息化推进的话题。首先，现代化产业在20世纪50年代一直到现在，其实是有了很大的变革，日立在50年代就引入了一些新的计算机技术，80年代有超大型计算机，还进行了其他一些技术革新。在此基础上，我们现在主要是开发一些IC卡和电子钱包的研发项目，还通过云计算来进行物流的管理和开发物流管理系统。随着信息的爆炸和信息时代的到来，我们也在作出积极的努力。我们会去收集大量的数据，通过IT基础设施设备来进行统一的管理。另外还有可以处理大量信息的云计算系统。在信息爆炸时代，针对云计算的一些具体项目，我们会根据消费者的需要，通过网络建立很多终端用户需求的系统，从个人的信息数据处理到公共数据处理，我们都在进行广泛领域的云计算网络领域的IT信息服务。

另外，对智能化城市的建设，也包括“两化”的信息融合。如广州智能城市的项目，目标是具有非常先进的观念的，也就是智能的、环保的，以它为目的希望展开产业转型和产业升级的活动。

我认为，第一，今后要以课题型解决创新带动工业化的新发展，希望通过社会基础设施的建设对工业化的实现作出新的贡献；第二，信息爆炸时代是实现信息化大发展的一个非常好的时机，日立在通过云计算的信息技术创新的同时，也希望能够使用工业和信息化的建设来为广东作出一些贡献；第三，日立将为工业和信息化方面作出我们的贡献，为广东的工业和信息化作出我们巨大的贡献，这是我们的目标。

【论坛互动】

硅谷生态系统体现高校创新与应用的联动

现场提问：杰瑞德·柯亨校长，刚才听了您的报告，匹兹堡的大学对工业发展起了很重要的作用，您认为广东在发挥大学作用方面，政府应该做点什么事情呢？包括卡内基梅隆大学有没有什么计划跟广东进行进一步的合作？

杰瑞德·柯亨：首先我想谈谈我们有什么计划来加强与广东省的大学的合作。我们已经加强了和中山大学的合作，昨天晚上中山大学和卡内基梅隆大学已经签署了合作备忘录，两校将会建立一个研究院，这个研究院将会致力于推进在信息技术方面的研究，这是我们两校合作的一个具体体现。大学可以发挥很多不同的作用，特别是在地区和城市的发展方面可以发挥很重要的作用，卡内基梅隆大学能吸引高素质的学生，创造新的知识和新的点子，同时也创造了一些新的就业机会，来充实我们所在城市的文化多样性。卡内基梅隆大学为什么可以做到这些呢？因为我们已经成为世界上的领先大学，刚才您也提到了，我们是一所顶尖的大学，取得了这样卓越的成绩，我们认为成功的秘诀在于人才。这种人才的培养需要我们大学在经济发展方面作出的贡献，既要尽可能地贡献于地方的经济和社会发展，也要为政府提供一些参考意见，这也是大学的一个很重要的作用，在这方面我们要很积极地来推进我们的工作。

陈新：我也是一个学校的校长，我想向杰瑞德·柯亨校长提一个问题。卡内基梅隆大学是一个信息化程度很高的学校，斯坦福大学不仅非常鼓励大学到工业界访问，而且也鼓励学生到工业界访问，这样来回交流，对工业的发展起到了非常重要的作用，不知道您怎么看？我非常欣赏这种模式，我也希望我的大学能够推动这种工作。您对这种工作怎么看？

杰瑞德·柯亨：我想这也是一所大学校长理所当然考虑的问题，我觉得整个硅谷已经形成了一个生态系统，这不仅是在美国领先，而且在世界上也具有影响力。硅谷的技术和高新技术的生态已经形成了很大的规模，它是一种自给自足的体系，数以千计的企业在硅谷进行研发，斯坦福大学的好处就是他们已经存在于这种生态体系内，他们不用再做更多的事情，就可以借助于这种生态系统来促进创新和研发，而对于卡内基梅隆大学来说，我们就没有斯坦福大学那么幸运，因为我们没有这样一种现成的生态系统，所以我们也更加鼓励我们的教师和学生参与到业界中。我们也在推进这样一个进程，几年以前曾经每年选择2到5家企业作为合作企业，现在每年选择的企业数量增加了，每年会选择10到15家企业，我们的出发点是希望通过与企业的合作来转变大学运作的方式，转变教授跟学生这种教与学的互动关系。当然，这也意味着大学要在机制方面发生转变，以此来推动这种灵活的机制。

间塚 道义：每个地方都是一样，特别是在日本，产业升级和工业升级是我们的目标，我们会去融合各种各样的信息，这跟广东的做法完全一样，我们的目标都是一样的，但是在合作的时候必须要强调产官学的合作。产官学的合作是工业升级依存度很高的一个点，全世界也一样，我们都要应对各种各样的社会运用，必须要努力合作来共同面对。比如生态技术方面，首先需要国家给我们一定的援助资金，帮助我们建立一些研究据点。我们在日本的筑波大学也建立了技术据点，请大学来参加。因为有国家和企业给我们一些资源的支持，所以我们在金钱上的负担就会很轻了。我不能只谈日本的情况，其实在这方面我们在上海交通大学也有一些据点，我们也有跟一些合作伙伴进行国际化的合作。当然这种合作不是一个企业内部的合作，也不是一个部门的合作，我们必须跟世界各个地方的人进行合作。这是我们的做法，希望能够有一些参考作用。

云计算数据中心服务“两化融合”

现场提问：我有一个问题想请教富士通株式会社会长间塚 道义先生，刚才您在演讲当中提到要发挥ICT对经济结构调整的重要作用，特别是对扩大消费的作用。我们都知道这一轮的全球经济调整对中国经济产生了很大的影响，中国经济在今后应该说相当长一段时期内不太可能依靠外部市场，像过去那样庞大的需求已不存在了，所以我们要把扩大内需、扩大消费放在一个重要的位置。我想问的问题是，日本在这方面有些什么好的做法，间塚道义先生对这个问题有什么好的具体的建议？

间塚 道义：在广东佛山南海我们已经建立了一个数据中心，不久的将来这家数据中心将投入使用。这家数据处理中心，我们对它的作用赋予了很大的期待，特别是希望通过这个数据中心的灵活使用对于建设数字广东或者幸福广东富士通能尽到最大的努力，而且这对广东省来说已经成为未来信息产业方面一个很重要的话题。我想它中长期内对广东甚至整个中国的信息化与工业化融合都会产生重要的影响，我们在此数据中心将采用最先进的云计算技术，比如在生产领域，特别是很多工程技术，可能各个企业都有各自的特长和经验，比如设计、开发等各个领域，特别是针对自己产品生产的基本数据，可以说在很宽泛的领域内我们希望通过这个数据中心的开业能够为广东的工业生产提供我们的积极服务，而且通过这种服务能够实现本次论坛提出的工业和信息化的融合，我们在此方面作出了很多的努力，并且今后也将为此继续努力。对这一领域我们有很多自己的想法，比如在信息产业领域如何实现优质、高效、低成本的服务，这些也对广东的工业和信息化融合具有重要的参考意义。

产品必须通过企业的服务来销售

陈新：我想问一下，据我了解，美国的GE公司和IBM公司在30年前，产品的销量分别占了70%和80%，但到10年前的时候，他们产品的销售额逐步下降，服务的销售额反而超过了50%，不知道两位所在企业的服务收入占总收入大概到了什么样的比例？

间塚 道义：富士通在日本总的营业额是4. 5兆日元，我们业务的主要范围是IT方面、半导体，另外就是移动通信和一些移动电脑，这是我们的主营业务。总的来说，在硬件方面服务大概占30%，另外70%是软件的销售，或者是相关的辅助性的技术提供。在国外，基本上70%是软件服务性的销售额。

川村 隆：日立的工业化程度产品占多数，但不只是服务性的产品，比如各种发电设备、铁路设备、车辆、火车，我们一直在致力于制造业方面，服务业只有40%。我们知道服务是非常重要的，特别是在高度工业化条件下的产品必须通过企业的服务来销售。比如说像电梯、扶梯，之后二三十年我们都必须要进行维修、保养，这些都跟服务业相关联，非常重要，我们的工业化高品质的产品是非常多的，但其实我们也在慢慢向服务业转型。

要促成政府与企业的合作，政府和高校的合作

现场提问：在推进“两化融合”中，中小型企业在信息技术的应用上面临的资金等制约问题比较严重，富士通作为一个大型的ICT企业，在推进中小型企业的“两化”方面不知道有没有什么好的经验，另外政府在这方面有什么好的经验可以介绍给我们？

间塚 道义：根据日本政府的分工，日本经济产业省负责此方面的工作，他们也推出了一些好的经验和做法。对中小企业来说，IT企业融资难度比较大，我们公司实际上也作了很多的努力，非常重视这方面的工作，但实际上企业从整个运行成本来说，如果投入太多，对资产负债表就会产生重大影响，这也是中小企业比较困惑的问题。对于如何提升企业实力，我想对中小企业说的是，要从企业内部经营管理层面更好地提升、挖潜，这是一个很重要的方向。

杨建初：我想请教一下卡内基梅隆大学的校长杰瑞德·柯亨先生，我非常赞赏您演讲的题目，就是支持区域发展，特别是区域企业的成长的题目，

企业逐步向区域之间转化，不知道您同不同意这个观点？第二个问题，今天在座有很多的部门，有些是很落后地区的代表。您今天讲的例子就是在俄亥俄州阿克伦小城轮胎在美国销售占了60%的市场份额，在这么激烈的竞争当中能够脱颖而出，它的经验是什么？很多落后地方也想一夜之间，成为像阿克伦一样的小城，在这方面您有什么要告诫他们的地方？

杰瑞德·柯亨：这个问题问得很好。谈到阿克伦成功的经历以及很多其他成功的经历，我觉得都可以体现出企业之间的合作非常的重要。我觉得企业的合作这个问题在有些国家是会引起一些争议的，但我认为企业的合作是关键，我把它叫做一种组织能力。这种组织能力是一个公司可以向另外一个公司学习的，企业之间也可以相互学习的能力。从区域来说，或者从地方政府的角度来看，我想要能够用一种集群化的方式来打造工业（产业），我觉得比较落后地区的政府可以考虑多利用当地的科研、当地的人才来提升这个地区的竞争力，我想这种方式是很有道理的，这也是我所在的匹兹堡市成功的秘诀。它从卡内基梅隆大学得到了很多科研和人才的支持，我们也在企业和政府之间建立了广泛的合作，政府专门有一个委员会，负责政府和高校以及和企业之间的合作方面的事务，我们在机器人嵌入软件开发，还有生命科学方面，都非常成功，和政府都有非常密切的合作，这也是匹兹堡市能够在这些领域取得领先地位的关键原因。我觉得有两个关键点要把握，第一是要选择一个合适的行业和区域去定位自己，第二是要去促成政府与企业的合作，政府和高校的合作，我想这是我们发展的关键。

发挥中小企业和大企业之间的合作关系

现场提问：中小企业是一个非常具有活力的群体，在当前GDP调整情况下，中小企业的发展遇到很大的困难，美的也是从一个很小的企业发展起来的，请问邓奕威先生对中小企业的发展和如何应对当前的困难有什么好的建议？

邓奕威：我相信中小企业，应该是我们这些大企业非常重要的一个支撑，因为我们的上游有很多是中小企业，美的能够发展到今天也是靠很多中小企业作为我们的合作伙伴的支持，当然他们今天也跟随着美的一起成长，已经做得很大很好。我们应对金融危机必须要有自身能力的提升，比如经营管理能力的提升，这是中小企业应对金融危机的一个重要方面。第二是技术创新能力能够有新的突破，我们可以看到日本的企业最核心的技术并非是掌握终端技术，很多其实是掌握在具有核心创新技术的中小企业手里，中小企业若要不断地跟上大企业发展的话，它的创新能力就必须要加强。家电产业由于市场竞争非常激烈，因此就会出现打价格战的现象，又因为龙头企业尤其是中小企业对成本要求很高，所以应对这种压力必须要有创新能力，只有具有很强的技术能力才能有更高的议价能力，才能有新的发展。

现场提问：转型升级希望在制造业智造化转型升级，各位嘉宾对广东智能制造方面有什么建议？在哪些环节，比如上下游企业之间、生产流程之间等各个方面有什么建议？希望对广大中小企业怎么参与到智能制造里也提一些建议。

川村 隆：中小企业和大企业之间都是以一种合作的关系参与进来，日本是大企业走向海外，中小企业在走向海外方面稍微落后于大型企业，这是日本的一个做法，当然中小企业也有很多优势，美的集团也说过，中小企业也有各种好的技术和业务，这是他们的优势，我们所想的是如何调动中小企业的优秀技术，日立正在考虑的是希望在中小企业具有优势的领域能进行合作，比如大家进行相互研发，双方相互帮助，这样就会得到双赢效果。中小企业和大企业之间如果真的能够互利合作，我想会对社会作出很大的贡献，我也希望能够这样去做，虽然非常难，但这是我非常希望的。中小企业和大企业合作的时候会遇到全面培养人才的问题，大企业就要在人才培养方面给小企业一些支援，同时政府政策也需要给予一些援助，这是非常必要的。

间塚 道义：好，我也来回答一下这个问题。刚才我在谈话中也介绍了，川村先生也作了回答，我可以说和川村会长的感想是完全一致的。昨天在德国发表了全球超级计算机排行榜，我们一直和日本的相关研究机构进行相关工作，我们在这个排行榜上位居榜首，我们能够在计算机上排行第一，其实不单单是富士通本身的技术，更多的是来自于和我们共同携手、同甘共苦的中小企业的共同努力，特别是在日本东北部，包括这次地震中受到影响的很多企业都给了我们很重要的不可或缺的重要支持。作为技术人员，对和我们共同携手的中小企业必须从内心有和他们一起共渡难关的强烈的精神信念，特别是对一些新的技术，不能放弃与中小企业的合作，这一点非常重要。

杰瑞德·柯亨：我们未来的竞争是在区域和区域之间开展的，这是刚才一位提问者提出的，而且我也不认为只有一些想法就能够帮助一些大的制造业企业，帮助他们马上采取一些好的IT方面的做法，因为这毕竟是一个比较漫长的过程。所以，从区域的角度来讲，区域可以做的就是进一步鼓励合作，进一步加强合作。我们所处的世界充满了竞争，而且的确对中小企业造成了很大的影响，因此中小企业需要有充满竞争性方面的技术来共同应对，通过共同合作来寻求更多的价值，这方面地方政府可以给予比较大的支持。另外，处于不同区域，甚至是同一区域的不同企业，尤其是那些大的企业，他们可以向中小企业寻求供应，给他们一些优惠性的政策，尤其是可以出台本地的一些中小企业的优惠性政策，帮助他们更好地成长。这就像是射出一发有魔力的子弹一样，如此一来就能够为我们今后描出一个更加切实可行的计划，按照此计划来获得进一步的发展。

陈新：我有一个非常深刻的印象，对信息化推进工业化是深信不疑的。第一，聪明的企业家在此间寻找新的商机，开发新的产品，包括社会的信息化，个人的信息化、数字化等，都会找到新的商机。第二就是深度融合、深度合作。大企业跟大企业合作，大企业跟中小企业合作，它不是单个企业跟单个企业之间的合作，而是一个圈一个链之间的合作，所以必须加强各自的合作，来共同应对竞争。

第二节　金融与科技融合　加快发展新兴产业

时间：2011年11月15日

地点：广州东方宾馆

主题：金融与科技融合　加快发展新兴产业

主持：时任广东省人民政府副省长　宋海

演讲人：广东省人民政府金融工作办公室主任　周高雄

广东省科技厅厅长　李兴华

MS&AD保险集团控股公司董事总经理兼首席执行官　江头 敏明

中国人民健康保险股份有限公司广东分公司总经理　陶志坚

野村控股株式会社会长（董事长）　古贺 信行

广发证券董事长　应刚

忠利集团财务部总经理　布鲁诺

广东粤科风险投资集团董事长　何国杰

【背景链接】

“十一五”时期是新世纪以来我省金融产业发展最迅速、金融生态环境改善最明显的5年。特别是2007年召开首次全省金融工作会议以来，出台实施了《关于加快发展金融产业建设金融强省的若干意见》等一系列重大政策文件，提出了大力发展金融产业、建设金融强省的发展战略，确立了将金融产业发展成为国民经济支柱产业的重要目标，推动广东金融产业实现了跨越式发展。

2010年，全省金融业增加值实现2493.47亿元，是“十五”期末661.81亿元的3.77倍，5年年均增长30.4％，超过上海和北京，规模居全国首位。金融业占GDP的比重从“十五”期末的2.9％提高到6.1％（可比口径），超过了占GDP比重5％的支柱产业评价标准。

此外，广东金融改革创新取得实质性突破。我省围绕实施珠三角《规划纲要》，科学谋划、先行先试，扎实推进金融改革创新，取得显著成效。我省还制订了建设金融改革创新综合试验区总体方案，已获国家相关部委的积极支持，目前正在批复当中。珠海横琴新区和深圳前海地区先后获国家批准开展金融制度创新与金融开放合作。CEPA框架下粤港澳金融合作先行先试亮点突出，港资银行在粤设立营业性机构101家，异地同城支行实现珠三角九市全覆盖。

广东“十二五”时期的金融工作，重点做到“三个更加注重”，提高“三个比重”。“三个更加注重”是：更加注重金融功能集聚和效率提高，实现金融产业发展规模与结构、质量、效益的有机统一；更加注重加强金融创新与防范金融风险互促共进，增强我省金融业竞争能力和抵御风险的能力；更加注重促进金融产业与经济社会发展良性互动，充分发挥金融支持经济转型和服务社会民生的功能。提高“三个比重”是：将金融业增加值占GDP的比重从“十一五”期末的6.1％提高到8％以上，将直接融资比重从“十一五”期末的23％提高到30％以上，将地方金融资产占金融机构总资产的比重从“十一五”期末的20％提高到30％以上。

具体工作主要抓好五大方面：一是以建设金融改革创新综合试验区为重点，全面推进我省金融改革创新。二是以建设具有广东特色的地方金融体系为重点，着力推动金融产业做大做强。三是以提升金融创新与服务水平为重点，积极利用金融杠杆助推经济社会转型升级。四是以促进粤港澳金融更紧密合作为重点，全面深化金融开放合作。五是以有效防范和化解金融风险为重点，全面加强金融生态环境建设。

【主持人引言】

宋海：金融是现代经济的核心。近年来，广东省委、省政府高度重视金融改革发展工作，日益注重发挥金融在支持产业转型升级和建设幸福广东中的重要作用，连续在三届广东经济发展国际咨询会中安排了金融专题论坛。

历次金融论坛，省长顾问和金融专家们给我们带来了许多国际先进的金融发展理念和金融创新经验，对广东金融改革创新起到了良好的指引借鉴作用。例如，广东的金融后援服务产业已经获得了巨大发展，今年广东新成立了汽车保险公司，各种金融产品和服务创新也日益活跃。省长顾问们所在的金融企业也积极开拓广东金融市场，为广东金融科学发展、开放创新作出了突出贡献。

今年是“十二五”开局之年，中共广东省委、广东省政府立足新起点，把握新形势，提出了“加快转型升级，建设幸福广东”这一核心任务。创新驱动是加快转型升级的主攻方向和核心动力，“十二五”时期，广东将推动实现由“成本洼地”向“创新高地”、由“广东制造”向“广东创造”的新跨越，加快推进高科技产业，加快发展新兴产业。而这个转型需要金融的大力支持与参与，需要金融发挥“核动力”作用。因此，本届金融专题论坛的主题是“金融与科技融合，加快发展新兴产业”。

【论坛发言】

良好的金融生态环境保障经济健康发展

周高雄：金融的快速发展赋予了自然资源严重匮乏的广东新的资源优势——金融资源和资本的优势。2007年以来，广东金融资源规模迅速扩大，全省金融机构总资产每年增长近2万亿元，2009年赶上香港，2010年年末达到11.54万亿元，2011年9月增长到12.35万亿元，今年又将增加1万余亿元。社会财富同时快速增长，到2011年9月月末，全省个人存款余额达到40294亿元。丰富的金融资源催生着日益强烈的保值增值和投资需求，除了迅速发展的金融市场外，我省创业投资和私募股权投资机构管理的资金超过1万亿元，民间融资的规模也超过1万亿元。丰富的金融资源成为广东经济领域中最活跃的因素，犹如星星之火，遇上科技的催化剂，必成燎原之势，迸发出惊人的光和热。

良好的金融生态环境是金融与经济持续健康发展的重要保障，广东现已完成了从金融高风险地区向亚太地区最具吸引力的金融市场的转变。广东银行信贷、资本和保险三大主要金融市场实现均衡较快发展，截至2011年9月月末，广东省银行业金融机构本外币存款余额88615.9亿元，同比增长11.7%，本外币贷款余额57174.4亿元，同比增长13.84%；有境内上市公司342家，当年新增30家，从证券市场融资1041.7亿元；保费收入1239.2亿元，同比增长12.1%。

广东金融体系运行的安全性显著提高，历史遗留的金融风险问题已经全部化解完毕，2011年9月，停业整顿13年的汕头商业银行完成了重组并开业运营，全省银行不良贷款比例现在为1.5%，5年来下降了10个百分点，达到国内领先水平。良好的金融生态环境，增强了我省金融界、实业界开展金融与科技融合创新的信心，为全方位开展科技金融创新提供了坚实的基础。

金融与科技融合走完“万里长征第一步”

周高雄：加快产业转型升级，实现经济发展方式转变是未来广东经济发展的核心战略，从经济理论和现实基础来看，金融与科技融合发展，必将成为推动广东产业转型升级的核心推动力。

从国际产业升级的一般规律看，产业转型升级就是产业结构逐步从资源和劳动力密集型产业向资本和技术密集型产业转变。其中，资本事关金融，技术事关科技，金融与科技融合则就会产生“核聚变”，形成“核动力”，美国以多层次资本市场为核心的金融创新与新技术革命相互融合，20多年来持续为全球科技进步和产业升级提供强大动力。

围绕加快转型升级，为促进建设现代产业体系和提高自主创新能力，我省有效利用金融改革创新综合试验区的政策优势，重点发展利用多层次资本市场，构建适应科技型企业发展需求的融资支持体系和金融资源配置机制，深交所推出了创业板并已有59家广东企业在创业板上市，“新三板”扩大试点准备工作已经完成，支持创业投资和私募股权投资企业发展的政策体系不断完善，外商股权投资企业、多币种产业投资资金、跨境投资人民币结算等机制创新都将开始。广东金融、科技融合发展的第一步已经迈出，未来的道路依然漫长，仍需要经历艰苦的探索。

金融为科技成果转化“活血”

李兴华：广东既是金融大省，又是科技大省。省委、省政府历来高度重视科技工作，把自主创新作为推动经济发展方式转变的核心动力，大力推进十大创新工程，全面建设创新型广东，使其科技综合实力不断提高。全省区域创新能力综合指标连续3年排名全国第二，创新经济绩效和创新环境等分指标全国第一。全省20多个高新区和309个专业镇经济持续高速增长。

2010年，全省高新技术产品产值达2. 9万亿元，占规模以上工业总产值的33. 8%，“十一五”期间年均增长19. 5%。2010年，专利申请与授权总量双双突破10万件，PCT国际专利申请量占全国将近一半，连续8年高居全国榜首；每百万人口发明专利申请量已接近发达国家的水平。全省研发

（R&D）人员34.47万人，增速和规模居全国第一。全省高新技术企业超过4500家，总数居全国第二。省级以上创新型企业和国家级创新型企业数量位居全国前列。

科学技术是第一生产力，金融是现代经济的核心。历次产业革命的实践都充分证明，科技创新和金融创新紧密结合是人类社会变革生产方式和生活方式的重要引擎。2011年4月，科技部、中国人民银行、中国银监会、中国证监会、中国保监会联合召开“促进科技和金融结合试点启动会议”，科技部万钢部长号召从国家发展战略的高度部署和推动科技金融试点工作。

2007年以来，为落实《国家中长期科学和技术发展规划纲要（2006—2020年）》，广东通过制定政策、设立专项资金、搭建服务平台、申报国家试点等方式，在创业投资、银行信贷、多层次资本市场、科技保险等领域有效引导和集聚各种金融资源支持科技创新，初步探索出一条具有广东特色的科技与金融结合的路子。

省科技厅与国家开发银行广东省分行合作的贷款平台，已为50多家中小企业发放贷款10多亿元。获贷企业发展迅速，有4家企业已成功在创业板、中小板上市。省科技厅与招商、光大、民生等商业银行在新能源、节能减排领域也开展了合作。同时，省科技厅选择了自主创新较活跃、科技资源和金融资源较丰富的珠海、东莞和中山三市作为科技金融试点城市，设立省市联合风险准备金，积极探索科技信贷新模式。

总体上看，广东的科技金融工作起步扎实，在缓解企业融资瓶颈的同时，促进了科技成果转化和战略性新兴产业发展，为“加快转型升级，建设幸福广东”提供了有力的引领支撑。

骨干、中小企业健康发展需金融支撑

江头 敏明：政策性金融机构等公共部门应该创建面向骨干、中小企业的融资系统平台。当然，融资伴随风险，所以非常有必要进行充分的审查。但是，骨干、中小企业往往缺乏制订对外的业务计划的经验，或者在其他领域也会有很多不擅长之处。所以，公共部门对企业经营计划的制订方法进行指导显得尤为重要。

第一，建立抵押或个人担保的快速审查通道，确立畅通的抵押、担保方法，完善实现担保权的程序。关于担保，某些经营者可能不具备担保能力，因此有必要以分摊担保费的方式成立“担保协会”之类的组织。关于抵押，理所当然最重要的是制定抵押权规则。对于抵押权的执行，要营造能够实现抵押物兑现的市场环境。

第二，经营者虽然拥有高新技术和创业欲望，但是制订能够充分说服投资者的经营计划，对大多数经营者来说还是困难的。所以应由公共机关来协助经营者制订经营计划。此外，还应该检查企业是否按照既定的计划发展，如定期检查生产管理、销售情况、劳务管理、合规情况等。骨干、中小企业无法自行出资招募相关人才的，设立人才库共享各领域专业人才的信息，也是行之有效的办法。

第三，对于环保产业、高新技术产业，应讨论优先分配资金。中国的企业所得税法中，对节能或节水的环保产业、高新技术产业已经给予了税收上的优惠政策。今后，在资金分配上也应该明确哪些行业能够优先，这样既可以促进广东政府重点扶持行业的发展，同时又可以缓解未来能源不足的问题。

第四，有关融资还款方式的政策。人民币利率预计今后将会继续上升，因此有必要推出在一定期限内固定利率的融资方式，或是将企业开始创业到销售额进账期的一段期间设定为还款缓冲期的融资方式等。灵活地设立各种新型还款方式，奖励各金融机构。

第五，目前，中国制造的产品遍布全球各个国家，可以预测中国出口至他国的产品还会日趋增多。关于出口结算，虽然有信用证交易等国际规则，但为使中国企业的出口能够更加顺利地进行，需要更加完备的贸易保险制度。在中国，中国出口信用保险公司具备该职能，该公司于2009年与日本贸易保险公司达成协议，根据需要日本贸易保险公司将给予协助。

首先，出资者不仅仅限于风险投资基金。因此，是否可以由政府为信贷银行设定一个额度，用于骨干、中小企业的贷款，对于达成目标额度的银行可以采取一些优惠政策？其次，保险公司对企业进行投融资时，进行风险管理是非常重要的。我听说中国的保险公司受相关法律法规的限制，除了可以投资创业板上市的企业之外，不能对风险企业进行投资。但是我认为对于一些经营稳健的保险公司，可以放宽一定限制，讨论引导保险资金进入创业风险企业投资领域的可行之道。并且，在向风险较高的骨干、中小型企业进行投资时，政府公共部门应给予全额或一定比例的担保，这也是减少金融机构风险的一个方法。

在世界经济形势的急速变化之中，为了带动经济发展、起支柱性作用的骨干和中小企业能够健康发展，创建并完善面向骨干、中小企业及风险投资基金的投融资平台，对广东省乃至中国的长远发展都非常有必要。

“湛江模式”惠及85%以上居民

陶志坚：2007年，广东保监局提出，商业保险公司要充分发挥专业优势，为我省医药卫生体制改革和医疗保障体系建设提供广泛服务，探索建立覆盖城乡居民的多层次医疗保障新模式。人保健康湛江中心支公司与湛江市政府开展合作，以“管理＋经营”模式参与湛江医疗保障体系建设，为政府提供全面经办管理补充医保服务，成功探索出了保险业贯彻落实新医改意见的“湛江模式”。

一是统筹城乡医疗改革，有效扩大覆盖面，惠及85%以上居民。医疗保险覆盖全体居民。居民可以根据自身收入水平和实际需求，选择不同缴费档次，享受不同程度的保障水平，实现了农村居民、城镇居民、城镇职工、公务员等的统一参保。

二是缴费分拆成“管理＋经营”两部分，群众和政府负担不增加，保障效应放大到2倍多。居民缴纳保险费的85%继续参保基本医疗，商业保险提供无偿管理服务，通过商业保险机制加强管理和风险控制，保证基本医疗的保障水平不变。用居民缴纳保费的15%购买人保健康直接经营的大额医疗补助保险服务，群众大病有保障。群众的医疗保障水平提高100%以上。

三是推进基本医疗和补充医疗一体化管理，风险有效管控，医疗成本降低近10%。湛江市社保部门、医保定点医院、人保健康建立三方合作机制，加强基本医疗与补充医疗的协同管理，全市参保群众人均住院费用由2007年的8851元降至2008年的7369元，同比下降接近10%。

四是允许就近就医，同步结算费用，差异规定起付标准和给付比例，极大地方便了群众。居民可以自主就近选择医院，参保群众在定点医院看病同步结算，只需直接缴纳个人部分费用。对不同医院实行差异性起付标准和报销比例，引导参保群众根据需要就医。

五是运用现代商业保险机制，放大政策效应，降低行政成本，推动行业转型升级。商业保险参与基本医疗管理和补充医疗经营，减少了行政成本支出，减少了政府机构编制。

“湛江模式”引起社会广泛关注，多次得到温家宝总理、李克强副总理以及汪洋书记等领导的肯定批示。但经过近三年时间的运行，也暴露出一些问题。一是运作方式缺乏制度性保障，二是还没有形成大额补充医疗保险费率标准的科学调整机制，三是管理效率跟不上业务发展需要。保险业全面参与医疗体制改革，必须以更开阔的视野、更创新的思维，开辟新的业务和服务领域，不断形成服务幸福广东建设的新思路。

培育大学衍生创业融资应及早介入

古贺 信行：在日本，作为支持大学衍生创业企业融资的活动之一，各地出现了专门为大学衍生创业企业投资、进入研发和商用化阶段提供融资的基金。广东省可以借鉴这一做法。

日本是从1995年之后开始涌现大学衍生创业企业的。2001年，当日本经济因泡沫崩溃后金融机构的不良债权等问题而停滞不前时，日本政府在“为培育新产业，奠定创新基础”的方针下，提出了“3年内大学衍生创业企业达到1000家”的目标。受其推动，日本也诞生了很多涉足生命科学、IT、环境和能源等领域的企业，实现了“3年内1000家企业”的目标。截至2008年年底，大学衍生创业企业的总数达到1963家。

根据以大学衍生创业企业为对象进行的问卷调查，这些企业面临“人才”、“融资”、“销路”等三大问题。其中关于融资，在创业前的基础调查阶段，可以获得政府研究补贴等公共支持，资金比较充裕，但在之后的研发和技术商用化的阶段，资金比较紧缺。在日本，创投基金和天使投资人的投资资金规模相对于美国等国家来说，原本就很小，而且这些基金的投资主要是在公司正式成立后的后期阶段才到位，因此，起步前的种子期和刚起步后的早期阶段资金供应是比较紧张的。

以大学为主导的创业企业支持措施开展得如火如荼，其中的一个代表就是东京大学认定的东京大学Edge Capital。该公司于2004年从日本国内的民间金融机构、政府金融机构、经营性公司等广泛筹资，设立了总额达83亿日元的一号基金。一号基金运作非常顺利，投资的企业中还出现了上市公司，于是2009年又设立了总额达76亿日元的二号基金。

在中国，为了弥补研究和教育经费的短缺，自20世纪80年代起启动了产学联合的体制，由此诞生了很多大学衍生创业企业。例如，坐拥北京大学和清华大学的北京中关村科技园区被喻为“中国的硅谷”，在海外享有盛名。近年来，大学衍生创业企业的数量因整合重组而减少到3600家左右，而与此同时，除了发生雷曼危机的2008年之外，这些企业的销售额年年攀升，成为推动中国经济发展的一大引擎。

为促进广东省大学衍生创业企业的发展，我提议在省内设立大学衍生创业企业援助基金。成功的关键在于：①在挖掘有前途的技术、项目创意以及管理知识产权等方面与大学、TLO等展开密切的合作。②从创业阶段开始提供建议，在种子期和早期阶段进行投资，并不断在经营方面进行支援。③寻求外部投资人出资援助。

证券业助推科技与新兴产业发展

应刚：科学技术是第一生产力，金融是现代经济的核心。近年来，随着直投业务的开展、新三板扩容及创业板的推出，证券业作为金融的重要组成部分，在推动科技创新和产业结构调整方面发挥着日益重要的作用。以美国为例，其以金融为先导，以雄厚的科技为支撑，创造了全球最具创新的金融与科技融合的奇迹，一部3D IMAX《阿凡达》影片轰动全球。但鲜为人知的是，IMAX公司原本是1967年成立的一家小公司，自从1994年在美国纳斯达克上市后，得到了突飞猛进的发展。如今，IMAX技术已然成为行业标准，难有人能望其项背。

在资本市场大力发展的今天，证券公司可以从以下角度提升创新服务能力，助推科技企业和新兴产业发展。

一是通过培育高新技术行业研究团队及时了解、深入分析当前和将来科技进步是否会对相关产业带来重大变革以及投资的可行性，为科技企业提供直接融资服务，积极推进新三板扩容工作的开展。

二是凭借专业的投行团队、强大的研究实力以及敏锐的市场洞察力，为企业提供融资咨询和上市辅导，帮助企业在股改、会计处理和信息披露等方面规范运作，推动企业进一步完善公司治理结构。

三是作为债券市场主要的承销机构，为符合条件的科技企业提供公司债、企业债、短期融资券、中期票据、集合债券、集合票据等多种融资方式，完善企业财务结构，有效解决科技企业的资金难题。

四是作为财务顾问，充分发挥丰富的项目经验，为科技企业资产重组、收购兼并提供一揽子方案及全方位金融服务，促进科技企业上下游产品链和技术链的融通，加快培育和发展战略性新兴产业，提升行业技术水平，推进产业结构调整和优化升级。

风险投资基金为中国创新提供“温床”

布鲁诺：风险投资在中国是一个最新的成功故事，数据显示由“中国制造”的交易在全球范围内占较大份额，而资金有着令人难以置信的增长率，投资且很多都能成功地回收资金，比如大中华交易所首次公开发行股票中的“高科技”占较大的份额。风险投资产业体现了高度的地缘集群性，在交易数量方面广东省排第三第四位，仅次于北京和上海。

2006年以来中国私募基金筹措有着高增长的态势。在中国，风险投资基金起始于作为包括那些位于大中华区的外国投资者和外国风险投资者的工具，来进入内地私营公司的融资。最近，由于建立了纳入内地工具的强大系统——人民币基金，钱直接来自于内地，比如中国的主权财富基金、投资者和内地的风险投资者。人民币基金作为融资工具，在过去的4年是相当成功的，它们在数量上已经超过了国外的资金并接近以承诺资本为基础的外汇资金。开放人民币工具与当地合作伙伴进行合资的国际风险投资者的数量也得到了提高。

在中国，风险投资/私募基金正在鉴别、融资和指导新兴产业在商业模式和技术方面的更大革新。风险投资基金为企业提供急需的资金：99%的中国企业是中小型企业，这占中国GDP的60%，然而融资对他们来说一直是个难题，银行更愿意贷款给大型的国有背景的公司。对于没有雄厚资产的公司，比如重点集中在研发上的技术型创业公司，是不可能得到贷款批准的。这些企业在获得足够盈利之前只能靠风险投资基金来支持。风险投资基金能为企业的业务和技术开发提供资金注入，无论是前期的还是成长阶段的。它能使得公司在研发和增强竞争优势方面投入得更多。

2010年在美国成功列出的34家公司中：32家（94%）是风险投资/私募作后盾的；100%的高科技公司（TMT、卫生和清洁技术）是依靠风险投资/私募基金的。另外，红杉资本、IDG和CDH都是长期资本，有一定的潜力，能为革新增值，已被证实的最大赢家——走向大陆交易所是列出的前25家中仅有的三家非国有公司之一。其他两家都是IT行业，只是因为紧紧依赖于风险投资基金，才能走到今天的位置。例如，百度在上市前，风险投资占该公司股份的份额超过了50%。

更普遍的是，风险投资促进了中国经济的增长和发展，因为其在起始阶段，创造了大部分的就业机会。他们通过鼓励革新和培养企业精神，把“中国制造”转变为“中国发明”，并且缩小目前仍然存在的与更多发达国家之间的差距。

从2009年以来，政府一直在发布一些新政策来鼓励和扶持风险投资/私募产业，以此吸引更多的投资者进入这一领域，最终成功地引入了很多当地的人民币基金。甚至可能太成功，有时我们也有很多好的东西，如资本投资。从2010年起，中国的经济增长导致资本市场流动性太强。要规避风险和管理平衡的资产组合，国有和私人基金都选择了相对较为稳定的私募股权资产。

无论如何，市场在经历了充裕的投资者进入阶段后正在稳定下来，尤其是新人民币基金，已经进入了一个深入富有投资机遇极佳的大市场。彭博投资风向标认为2010年有387亿美元致力于在中国的风险投资活动，而投资市场仅有196亿美元。但是，作为风险资本产业，由于经历长期的拓展期，其在结构上无法即时纠正突如其来的供需之间的不平衡。

创新型企业亟须发展资金“补血”

何国杰：广东省要建设有利于自主创新、转变经济发展方式的体制机制，建议采取建立各种层次的创业投资和产业投资基金的策略，促进实体经济与虚拟经济发展相结合，加快提升广东新兴产业的发展水平与速度。

一是在广东省内加快建立各种层次的创业投资和产业投资基金，通过委托职业化、市场化的投资管理人才团队进行有效管理，达到培育、帮助和扶持更多的创新型企业，在国内中小板、创业板实现上市融资的目标。从而壮大广东的上市公司群体，增强广东创新型优秀企业的发展后劲。

二是要充分利用资本市场的融资功能，发挥社会各类资金的导向投资作用，增强对广东创新型企业所需的发展资金“补给效应”，增强企业的“补血功能”，以有利于缓解广东资金较为紧缺的压力，有利于提升形成广东行业性的龙头企业的发展速度。

三是鼓励、支持和引导已上市公司通过扩大生产规模、提升产品与服务水平，以及实行资产重组、并购等方式在资本市场进行再融资，鼓励上市公司早日争取成为国际、国内举足轻重的行业性龙头企业。

四是鼓励和扶持基础实力好、企业领导层优秀、战略目标明确的上市公司，稳步加快实现主营业务多元化。着力把这些极具潜质的优秀企业打造成为国际、国内的著名品牌与行业标杆。值得借鉴的例子如国内著名的联想控股集团，通过近5年的时间，由一家单一从事电脑和IT产品的制造商，成功地转变成为一家拥有五大板块（IT产品研发制造、股权投资与管理、现代服务业、房地产和大农业等）全新核心业务，具有世界影响力的控股集团。这些经验十分值得广东已上规模与效益的上市公司进行积极借鉴。

五是建议由广东省和地方政府设立旨在扶持企业上市、已上市公司并购和再融资等方面的“广东省企业上市帮扶与激励资金”，力求在推进企业上市融资和整合、并购方面取得更多的成果。同时要吸引专门的高端人才加盟上市公司，推动上市公司抓住时机，积极部署和实现跨越发展。

六是要制定综合政策，吸引上市融资后的企业继续留在广东发展。目前广东有一些刚上市融资不久，或者已实现上市多年的公司。多年来，这些公司处于高速成长阶段，他们有行业品牌、人才团队、市场竞争力、募集到的大量资金和相当可观的再发展空间。但他们在广东当地碰到诸如再扩大发展用地、行业行政管理布局审批和综合配套服务环境等问题得不到妥善解决时，就会将融资募集的巨额资金、管理人才以及上市公司新扩展的业务安排在广东省外的其他省份，将转型创新的发展后劲带给了别的省市。这种情况值得相关部门深切关注。

第三节　保险，让生活更幸福

时间：2011年11月15日14：30—17：30

地点：广州东方宾馆

主持：时任广东省人民政府副省长　宋海

演讲人：广东省人民政府金融工作办公室主任　周高雄

国有重点金融机构监事会主席　陈方磊

忠利集团执行总裁　巴比诺特

MS&AD保险集团控股公司董事总经理兼首席执行官　江头 敏明

国务院发展研究中心宏观经济研究部副部长　魏加宁

中国人寿保险（集团）公司副总裁　张响贤

【背景链接】

改革开放以来，广东省经济总量先后超过新加坡、中国香港和台湾地区，达到中等收入国家地区水平。随着经济的快速发展，广大人民群众追求美好生活的内容形式更丰富、水准要求更高、权利诉求更强烈。2010年年底，广东省委、省政府提出了“加快转型升级，建设幸福广东”的目标，向社会正式公布了幸福广东评价指标体系。

现代保险是市场经济条件下风险管理的基本手段，是社会发展的“稳定器”。商业保险在提高社会管理水平、公共服务水平及效率方面，发挥着越来越重要的作用，为广东经济社会的和谐发展提供了有力的保障。

保险本质上是一种制度安排，通过当前的设计为将来作准备，使人民群众老有所养、病有所医，在内心上消除对未来不确定性的担忧，增强安全感和幸福感，保障预期的幸福如期到来。2011年9月，广东保监局号召我省保险业界将“保险，让生活更幸福”作为行业公益宣传的主题。

据悉，广东省委、省政府全力支持保险更好地发挥功能作用，鼓励广东保险业先行一步，在深入研究运用保险机制，让人民群众实现幸福生活上取得新的突破，为全国提供新鲜经验。

【主持人引言】

宋海：保险为幸福提供保障，保险使我们无后顾无忧。保险业的发展与经济建设、社会事业、民生问题息息相关。广东省委、省政府一直高度重视保险业发展，近年来，我省出台了支持保险业发展的系列文件，多角度、多手段促进保险业加快改革发展，因此保险市场迅速壮大，保险业呈现出蓬勃发展的良好态势。2010年我省保费收入超1500亿元，连续7年居全国首位。当前，我省正处在“加快转型升级，建设幸福广东”的关键时期，一系列重大战略的有效实施需要保险的保驾护航，广大人民群众的民生福祉需要保险的坚强保障，幸福广东的和谐稳定也需要保险的鼎力支持。总之，保险在“加快转型升级，建设幸福广东”中意义重大。希望大家把握此次专题论坛的良机，多向各位嘉宾顾问请教，多为广东保险业和经济社会发展献言谋策。

【论坛发言】

保险，让生活更幸福

巴比诺特：根据国际上的实际经验，一旦经济增长超过某一特定人均收入槛值，GDP的额外增加，对人们幸福感的影响力就会越来越小。新近的许多研究（例如英国劳动经济学家理查德·莱亚德的研究）甚至显示，在较为富裕的社会中，幸福感反而倾向于下降。因此，多年以来，学者与国际组织等开始采用更多的计量标准测量社会的福祉安康，而不是像以往一样只关注GDP数量的增长。

广东省是中国最发达的省份之一，广东省省委书记汪洋与广东省前省长黄华华2010年发起了“幸福广东”计划。关注点慢慢从经济增长向幸福感转变，这个转变的驱动力也是源自人们不断增长的物质福利，这种物质福利以人均GDP来衡量，中国的许多发达省份都经历了这种物质财富的增长。

在努力追求幸福的过程中，每个人都可能遭遇风险，并可能完全承担不良（代价高、危险）后果的影响。有了保险，个人至少能够将经济风险转移到保险公司。保险能够在投保人间分担风险，从而消除风险，由此保险公司能够承担风险，实现创新。对任何社会而言，风险分担都是人们关注的主要问题，其基本原则是预防、归集相互独立的风险、全球风险的划分和风险的转移。

这些原则体现在最早的保险互助的社会形式中。4000多年以前，保险就已经作为防御自然灾害、投资损失、运输货物风险和保护企业间贸易的手段而出现在《汉谟拉比法典》中。有史以来，保险一直在帮助人们改善生活。

保险在诸多方面促进经济增长和稳定：许多研究显示，充满活力的保险业与经济增长紧密相关，面对冲击和风险时，能使经济更迅速地恢复。保险帮助消费者和投资者分散风险，从而优化消费和投资决策，实现上述目的。保险让公司能够承担风险和创新，帮助农业保护自己应对自然灾害和灾难的不利影响；保护社区免于受到恐怖袭击和其他灾难的影响（通常是人为导致的）；保险还提供应对疾病和健康成本的保护，为退休人士提供收入保护，作为社会保障系统的补充。大型机构投资者的出现以及他们集中的长期储蓄有助于输送投资资源，让经济发展更为稳定。

总之，保险有助于价值创造，实现增长，帮助经济体归集和转移风险。其对经济产生积极影响的主要渠道包括：第一，培养企业家精神、创新和风险承担；第二，保险在与政府建立伙伴关系的过程中，有提供社会保护；第三，保险能增强金融中介的功能，向资本市场注入长期储蓄资金；第四，保险能提升风险测量与管理水平，无论是对个人、企业，还是对整个社区；第五，保险能帮助个人理顺不同时期的消费支出，从而优化跨期经济决策。

如今，保险已经成为现代经济中重要的产业。1990年，全世界的保费收入为1.4万亿美元；到2010年，全世界的保费收入已达到4.34万亿美元；在经济合作组织成员国家中，保险对国内生产总值的贡献率为8.14%。西方国家，尤其是经合组织国家，保险管理的资产已达到全部金融资产的20%。在纽约证券交易所，保险公司股票的市值占总市值的30%。2010年的财富500强公司中，有109家金融机构，其中就有49家是保险公司。

发挥保险功能作用，保障人民生活幸福

张响贤：保险之所以能让生活更幸福，是由其经济补偿、资金融通、社会管理的本质功能所决定的，主要体现在以下三个方面：

1. 消减不确定性，增加人们生活的稳定性和幸福感

根据马斯洛的需求层次理论，安全需求是仅次于生理需求的最基本需求之一。而随着经济社会的快速发展，目前也滋生了许多不确定的因素，养老问题、医疗问题、子女上学问题等让人们内心充满焦虑甚至恐惧，严重降低了人们的生活稳定性、安全感和幸福指数。要把经济社会的发展、物质生活的改善与幸福指数的提高统一起来，就要靠保险，保险是幸福安康生活的“保护伞”和“安全网”。

保险的基本职能是经济补偿和保险金给付，为生老病死提供完整的解决方案，这无疑可以提升人们的幸福指数。具体来讲：

一是保险让人们能够老有所养。我国现已未富先老，提前进入老龄化社会。预计到2015年，内地60岁以上老年人口将占总人口的16.7%，达到2亿人，抚养率将由下降转为上升。商业保险是构建多层次养老保障体系的重要支柱之一，拥有机构、队伍、渠道、技术和服务的优势，通过专业化运作和高效率管理，为人们提供多元化、多层次的养老保险产品和服务。同时，还可以促进养老事业的发展，通过建立不同地域和不同层次的养老养生社区，开拓创新养老模式。

二是保险让人们能够病有所医。目前，我国城镇职工、城镇居民、农村人口通过参加社会基本保险和新农合，虽然可以解决一部分的医疗费用，但总体上保障水平还是比较低的，在政策范围内的住院费用报销比例平均仅为

65%，仍有高达35%的住院费用需要由参保人员个人负担，其中新农合由个人自付的比例更高，部分地区超过50%。医疗费用是人们的一个沉重负担，一旦家里有人患有疾病，全家生活质量都会受到影响。保险可以帮助人们分担这副担子，让百姓看病看得起，幸福生活不打折扣。

三是保险让人们能够灾有所慰。危机无时不有，风险无处不在，人有旦夕祸福。近年来，自然灾害日益频仍，人间事故也不时发生。灾难无情，而保险可以让亲情、大爱在灾难面前得以延续。在南方雨雪冰冻、汶川地震、玉树地震、舟曲泥石流以及今年的温州动车等重大灾害事故中，保险公司及时理赔给付，提供灾害救助，给遭遇灾难打击的人们送去经济补偿、心灵慰籍和人间关爱，起到了雪中送炭的作用。

2. 化解社会矛盾，增进心灵幸福

情感的需求、尊重的需求是更高层次的需求，在一个充满矛盾冲突的不和谐、不稳定环境中，难以有真正的幸福生活。保险是和谐社会建设的“减压阀”和“消火栓”，通过建立交通、安全、环境等责任保险，可以有效地化解矛盾冲突，维护社会稳定，既减轻政府部门的压力，也为人民群众的幸福生活创造安定的社会环境。一个和谐、融洽、安全、稳定的社会环境，将会给人们带来愉快的生活，增进心灵的幸福。

3. 助推经济发展，夯实幸福生活的物质经济基础

人民生活的幸福安康需要建立在一定的经济发展水平和物质基础之上。作为金融体系的重要组成部分，保险是经济发展的“助推器”和“稳定器”，保险业在为经济建设保驾护航上功不可没。保险资金尤其是寿险资金具有长期性和稳定性的特征，能够为资本市场和国民经济建设提供长期稳定的资金来源，并有利于改善直接融资与间接融资的结构性矛盾，缓解金融体系的运行风险，提高金融资源配置效率，从而促进经济又好又快发展，不断夯实人们幸福生活的物质经济基础。

经济增长如何与财产保险业良性互动

江头 敏明：20世纪90年代后期，日本的经济一直持续增长，这使国民生活发生了很大变化。这和现在中国的发展情况很相似，例如，私家车的普及率很高，很多人到国外旅行，电视、空调、电脑已成为一般家庭的必备品。在如此巨大的变化中，最显著的就是“支出项目”和消费观念的变化。

生活的安定使得人们增加了支出，以备不时之需。在储蓄、投资、教育等项目上的支出体现了这种变化。另外，这些支出项目的变化孕育了新的保险的必要性，商品的高性能化、高价化，使得人们担心拥有的物品也许会丢失，产生了“对财产损失的不安”。

而且，人们开始为将来可能发生的不确定的费用作准备，例如，老后的生活费用，受伤、疾病的治疗费，家庭收入的主要来源者突然死亡后其遗属的生活费用等“将来不确定的费用”。

保险可以消除人们的不安，化解明显存在的风险。例如，担心财产受损的，可以购买财产保险，担心无法确定费用的，可以购买医疗、意外伤害保险等，保险产品可以应对人们生活的变化，在被广泛利用的同时也赢得了国民很大的信赖。

数据显示，人均保费的数字随着经济增长变得越来越大。这不仅说明人们收入随经济的成长而增加，而且也说明人们对保险的信心也增强了。另外，保费支出的增加，也得益于保险公司积极开展的展业活动。

社会的进步一定会引发新风险的产生。保险公司积极捕捉需求，创造出符合需要的新的保险产品和服务。保险公司的这种做法被国民所接受，可以说是个人保费支出大幅增长的原因。

随着保险市场的扩大，保险金的支出也在增加。这部分金额的增加，与保险市场规模的扩大密不可分，可以说是保险公司推出的保险产品和服务符合顾客的需求和风险，保险支撑了国民生活的有利证明。

现在，日本财产保险市场的保费规模位居世界第三，换算成人民币大约为8350亿元。“日本的GDP增长”和“保费收入”的关系，正如大家看到的那样，二者是密切相关的。

综上所述，可以说财产保险业的发展得益于国民的信赖，同时财产保险业的发展也刺激了国内的消费，对于国家GDP的提升等作出了很大的贡献。同样，保险业对于提升中国的国民生活幸福感是不可或缺的金融体系，保险的进一步发展对于中国的经济增长和实现和谐社会都会起到非常重要的作用。

中国应尽快推出三大保险——存款保险、贷款保险与巨灾保险

魏加宁：总的来讲，我认为中国现在应当尽快推出三大保险：存款保险、贷款保险和巨灾保险。

1. 尽快出台存款保险，建立健全金融安全网

存款保险和普通保险的原理是一样的。在正常情况下，需要由投保人（银行）与专门的保险公司（存款保险机构）确立保险关系，并由银行向存款保险机构缴纳保费。在保险事故发生时，也就是当银行破产时，由专门的保险公司（存款保险机构）负责向保单受益人（即存款人）进行理赔。具体步骤是：首先由保险机构向存款人支付保险金，同时从存款人那里取得存款的债权，之后再向破产银行提出财产请求，最后从破产银行回收财产。这就是存款保险的基本原理。

美国是公认的最早建立国家级存款保险制度的国家。它始建于1929年大萧条时期。但其实早在联邦存款保险制度建立之前，美国就已在州的层面上进行过相关尝试。

在美国建立联邦存款保险制度以后相当长的一段时间里，世界上几乎只有美国独家拥有此项制度。这主要是由于二战后不久，几乎所有国家都经历着资金不足的时期，银行业被置于严格的准入限制、业务和利率管制之下，这种过度保护虽然抑制了金融资源配置的效率，但也有效地防止了银行的倒闭，因而缺乏建立存款保险制度的必要性和紧迫性。到了20世纪60年代，随着金融自由化的推进，有一些国家开始出现银行倒闭的事件，于是先后有一些国家引入了存款保险制度，在西欧还引入了银行协会主导的自愿的相互担保制度。

从存款保险制度诞生一直到1993年的60年间，全世界一共有48个国家建立了存款保险制度，而1994年到2003年的10年间，全世界又有42个国家建立了存款保险制度。直到这次国际金融危机爆发前的2006年6月，全世界共有95个国家和地区建立了存款保险制度，而且还有20多个国家正在研究计划或准备实施中，包括我们的邻居——蒙古，现在都在准备建立存款保险制度。

为什么要建立存款保险制度？一是银行存款的重要性。存款对储户来说非常重要，这是他劳动的积蓄；对银行也非常重要，这是银行的资金来源；

同时对国家也非常重要，这是一国储蓄的具体体现。二是银行的脆弱性与危机的传染性。银行的脆弱性是银行的性质所决定的，一旦发生危机，传染性会非常强。三是促进中小银行的发展。要发展中小企业，金融结构就应当与企业结构相匹配。在中小企业大量存在的情况下，金融机构也应以中小金融机构居多。但如果没有存款保险制度，存款人肯定都愿意把钱存到大银行去，因为“大而不倒”，中小银行就很难发展起来。而有了存款保险制度，中小银行就比较容易发展起来。四是保护中小储户的利益。没有存款保险制度的话，市场对银行的约束是比较强的，缺点是容易发生挤提。但是有了存款保险制度并且是全额保险的话，它就会弱化市场约束。所以，现在多数国家在正常情况下，都会实行限额保险，即保证一定金额以下的存款不遭受损失，而超过的部分是不保的。五是存款保险是金融安全网的三大支柱之一。所谓金融安全网，核心是“三大支柱”。第一支柱就是监管部门对银行实行的审慎监管，以避免存款人因为银行的恶意经营而遭受损失。第二支柱就是中央银行作为最后贷款人，提供必要的流动性，以避免存款人因为银行暂时发生流动性困难而遭受不必要的损失。第三支柱就是存款保险作为投资者保护机制，可以避免存款人因为银行倒闭而发生损失。

对中国来说，建立存款保险制度已成为当务之急。最主要的理由就是，中国的金融安全网“三缺一”，现在我们有了“一行”，也就是刚才讲的第二个支柱；有了“三会”，也就是监管部门即第一支柱；唯独缺了第三根支柱。虽然在证券方面，已经有了证券投资者保护基金，在保险方面已经有了保险保护基金，这两个方面已经走在了其他国家的前面，但是我们至今仍然没有建立起存款保险制度。所以说，当前中国金融安全网“三缺一”，最需要加快解决的就是建立存款保险制度。

关于建立存款保险制度的时机，我个人认为最佳时机可能已经过去了。2007年前后曾经是一个非常好的时机，当时银行与农信社大量不良资产剥离和置换，国有银行改制上市，经济景气处于上升期，银行经营好转，国家财政收入增加很快。但由于种种原因，当时没有推出来。到了2008年，国际金融危机来了，存款保险的计划又被停了下来。

尽管中国推出存款保险的最佳时期已经过去，但目前还不是最坏的时候。因为，一是宏观层面上，虽然增长速度逐渐放缓，但通货膨胀已经见底，出现拐点，宏观调控的空间增大。二是微观层面上，企业的业绩虽然增长放缓，但是银行的业绩仍然增长很快。三是尽管银行的潜在风险在上升，但目前不良资产的比率还是比较低的。四是国家的财政收入增长很快。

当前建立存款保险制度的紧迫性在于：一是可以解决中小企业融资难的问题。二是现在要推动利率市场化，就可能出现一些金融机构竞争失败，这些竞争失败的金融机构要让它能够退出，就需要有一个退出机制。三是当前存在着三大金融风险：一个就是房地产泡沫破裂的风险，另一个就是地方政府融资平台资金断裂的风险，再一个就是民间借贷资金链断裂的风险。这三个风险一旦集中爆发，就有可能导致今后银行不良资产的再次上升，到时候个别的金融机构就有可能出问题。因此，最好不要等到危机来了再去动手，那样成本会更高，损失会更大。

2. 积极推广普及贷款保险，化解中小企业融资难题

所谓“贷款保险”，是指为了化解因贷款人的信用风险或抵押物价值受损及产权风险等，由借款人或贷款机构向保险公司交纳保险费，当出现保险合同约定的保险事故后，保险公司负责补偿贷款人所受损失这样一种保险。贷款保险又分为两种，一个是保证保险，一个是信用保险。保证保险是指债务人应债权人（银行）的要求，向保险公司投保自己的信用风险。一旦债务人到期无法偿还，就由保险公司向债权人进行相应的损失赔偿。还有一种就是信用保险，是指债权人向保险人投保债务人的信用风险。也就是债权人作为权利人，要求保险人承担由于债务人的信用风险而使自己遭受损失的风险。

贷款保险在我国刚刚起步。最早，人保财险在广东佛山和浙江宁波地区开展小额贷款保证保险业务。2009年，浙江省选择宁波、舟山地区开展城乡小额贷款保证保险和中小企业贷款保险试点工作以解决中小企业融资难的问题。目前参加试点的有工行、农行、中行、建行、交行在浙江的一些分行，浙江省农信社、浙商行、相关的小额贷款公司与中国人保、太保、浙商保险等浙江省的一些保险分支机构签订了相关协议。

小额贷款保证保险的支持对象，原则上为向试点银行和小额贷款公司申请小额贷款的试点地区中小企业、农户和城乡创业者。贷款资金的用途只能用于生产经营性用途，不能用于消费及其他用途，贷款期限一般在一年以内。关于小额贷款额度，中小企业单户发放金额不超过300万元，城乡创业者单户限额在20万元，农户单户限额在30万元。银行贷款利率最高不超过同期基准利率上浮30%，小额贷款公司的利率不超过司法部门规定的上限。这种做法是试图建立一种“小额度、广覆盖、易操作、成本合理”的保险机制。

根据合作贷款机构的类别，浙江省推出了银行与保险公司合作，及小额贷款公司与保险公司合作的两种模式。这两种模式的共同点是由小贷公司或者是银行来发放贷款，由保险机构对贷款本息承担保证保险责任，小额借款人则履行诚信守约义务，按期还本付息，一旦小额借款人欠息连续达三个月以上，或贷款期限到期一个月后没有偿还本金，且银行或小贷公司催收无结果的，就可以向保险公司提出索赔。同时，银行和小贷公司要及时向保险公司提供出险追偿情况以及相关抵押物的追缴、处置情况。保险机构按约定向银行或小贷公司进行赔偿。银行或小贷公司与保险公司按比例分摊贷款本金损失的风险，原则上是3∶7的比例。保险公司根据不同的承保模式来确定费率，以保证保险的年化费率最高不超过贷款本息的2%。

作为首批试点的城市，宁波从2009年8月到2011年5月已经累计发放小贷保证保险贷款将近8个亿元，为当地758个初创期小企业及36户农业养殖户和54个城乡创业者解决了抵押担保的难题。

我们认为，一旦浙江省的试点成功，就应当尽快在全国推广普及，以解决目前中小企业融资难的问题。因为要解决中小企业融资难的问题，就不应单纯依赖放松银根，而应更多地依靠金融改革和金融创新。贷款保险，实际上就是属于金融创新的一种尝试。

3. 加快建立巨灾保险，化解不可抗力风险

（1）巨灾保险的基本原理

巨灾风险是指一个国家或地区将来可能发生的一次大范围、大量风险单位同时受损，受灾影响面广、累计损失巨大、当地无法自救、需要借助外部力量进行救助的受灾情景。巨灾风险属于国家安全风险之一。

巨灾保险是指依据巨灾保险法规和制度，在确定的巨灾保险区划范围内，建立巨灾风险新型共保体，以某一专项或综合（主要是专项）巨灾保险条款为基础，以触发约定标准的巨灾风险为保险赔偿启动的标志，对特定的保险标的实施强制保险，并对巨灾保险作出完整的制度性安排。

巨灾保险共分为两大类：一类是政策性巨灾保险，主要为关乎国计民生的行业和标的提供巨灾风险保障，对照政策性保险概念及其内部分类，巨灾保险归类于经济政策性保险；另一类是商业性巨灾保险，主要为企事业法人单位面临巨灾风险时提供保障。因此，巨灾保险具有公共产品成分，属于准公共产品。

据称，保监会设计的巨灾保险方案覆盖范围主要包括两个方面：一是农业巨灾保险，主要针对农作物和牲畜；二是面向城市的城镇居民房屋地震保险。而我们的研究则认为，巨灾险在我国应当主要包括：地震险（主要是西部地区）和台风险（主要是东南沿海地区）。

（2）我国巨灾风险保障现状

目前国内已有多家保险公司开展地震险业务，但还没有巨灾险。目前国内开展的地震险业务，都是经过各公司严格精算核定、风险评估，报监管部门审批的，且会按照再保险的规定进行相关分保，合理分解保险公司自身的“压力”。

在我国目前的保险体系中，如果购买了寿险、意外险、健康险，并在地震、洪灾等巨大自然灾害中遇难，投保人可能得到一笔赔偿金。但如果为自己的房屋、汽车、家电等财产购买保险，当遇到巨大灾害侵袭时，投保人很可能得不到相应的赔付。比如截止至2009年5月10日，保险业对汶川地震的保险理赔基本完成，合计赔付超16.6亿元，与巨大的损失相比还是杯水车薪。在巨灾损失补偿中，政府拨付财政资金予以救济，不仅数额有限，而且还占用了本来应该用于经济建设的资金，影响了国民经济的发展。保险公司由于缺乏政府支持，发挥的作用十分有限。所以借鉴国外巨灾险制度的先进经验，建立符合中国国情的巨灾保险体系，是势在必行的。

巨灾险并非一个新生事物，在国外早已有之。即使在国内，也已经提倡数年之久。最早是在1998年洪灾之后被提出，至今已经12年了。有一个特点是，往往是大灾来临时，人们的呼声就日益高涨，而灾害一过去，就“好了伤疤忘了疼”，呼声渐渐冷却，直到下一次大灾来临。历经了12年的迂回曲折，巨灾险建设终于在2010年有了进展。2008年汶川地震之后，国务院发展研究中心金融研究所迅速启动巨灾险研究课题，并组团到日本等国进行考察。与此同时，全国人大、保监会、财政部以及世界银行也都十分积极地推动此项研究。作为2010年金融工作会议的15个重大课题之一，巨灾保险制度研究小组在2010年春节后宣告成立。2010年3月开始，作为巨灾保险制度研究小组牵头单位，中国保监会召集财政部、发改委、银监会、证监会、央行等，就建立中国巨灾保险制度商讨方案。

（3）加快建立巨灾保险制度的必要性与紧迫性

①建立巨灾保险制度的必要性

我国幅员辽阔、人口众多、气候和地理地质条件十分复杂、生态环境脆弱，而经济基础和防灾减灾能力都比较薄弱。所以，中国是世界上自然灾害发生频繁、灾害造成损失严重的少数国家之一。

中国的自然灾害种类多。除了火山灾害外，世界上其他自然灾害都有不同程度的出现，主要特点是：西部，地震多；东南部，台风多。其中又以地震和洪涝灾害最为严重。据统计，中国因各类自然灾害死亡的人口中，地震最多，死亡人数占总数的54%；其次是干旱洪涝等气候灾害，死亡人数占总数的40%。长期以来我国受计划经济体制影响，灾害后往往由政府兜底，安排财政资金负责灾民救济和灾后重建，但各级政府财力有限，因此救助能力往往十分有限。

②目前存在的主要问题

目前存在的主要问题有：一是灾害损失补偿机制相对滞后。二是灾后重建手段过于单一。三是灾后重建效率受到限制。四是灾后抗灾力量过于单薄。五是相关法律法规不尽完善。六是巨灾保险有效需求不足。七是巨灾保险有效供给不足。八是巨灾风险分散机制不完善。

目前有一些分歧还在争论，焦点集中于：在巨灾保险体系中如何确定政府的功能定位？建设巨灾保险制度政府是否要出资、如何出资？对保险公司从事巨灾保险业务和民众购买巨灾保险是否要给予政策支持？另外，政府部门之间如何协调以及权威性和专业性如何体现？巨灾保险制度是针对某一种灾害设计制度还是建立一个综合性巨灾保险制度？采用何种运营模式和风险分散方式？同时，在制度设计上是采用巨灾基金的模式还是巨灾再保险公司的模式？在制度设计时是否应赋予地方政府更多的主导权？

目前存在的障碍：第一个障碍是，数据过于分散在各个部门。没有科学的基础、没有畅通的数据获取渠道，保险公司难以计算费率和测评风险。如果政府成立一个更高组织或者部门来协调各方收集和整理数据，此障碍可以消除。第二个障碍是，软硬件条件缺失。以日本为例，日本的房屋建筑抗震力好、民众灾害后的应急反应能力很强，同时政府及时有效发布地震信息，这些都能大大降低地震带来的损失。

（4）相关国际经验

从各国经验看，巨灾保险体系的核心任务都是由非营利机构承担。但我国尚未建立非营利机构的法律框架。政府直接管理显然不合适，但是没有政府支持也不行。

以日本地震保险制度为例，其建立过程曲折、复杂，给我们提供了许多重要启示。日本很早就提出要建地震保险，但也经历了很长时间的反复论证。地震一来，呼吁建立地震保险的声音很强烈，但过了一段时间，大家就把它忘记了，等下次地震来了又再次提出来。直到1964年新泻大地震发生后，在新泻出生的日本大藏大臣田中角荣的力推下，日本才建立了地震保险制度。政府制定了很多法律法规，给予一定的资金支持。另外，美国佛罗里达州的飓风巨灾保险制度也值得我们参考。

尽管各个国家和地区巨灾保险制度的设计各有千秋，但有一些共同特点：一是有政府大力支持。二是遵循商业保险的经济原则。

总的来说，我们认为，要建立巨灾保险，一是政府要起主导作用。二是要统一设计，由中央政府牵头。三是明确分工，明确政府和保险公司的定位和职责。四是要市场运作，要发挥商业保险公司的风险管理能力。五是要梯度推进，从一些单向巨灾保险入手，逐步再向其他的巨灾险扩展，最终形成综合的巨灾保险体系。

保障和改善民生是保险发展的出发点和落脚点

陈方磊：近年来，中国保险业紧密围绕国家改善民生、提高群众幸福指数的目标，积极探索服务“三农”、参与社会保障体系建设、促进公共管理创新的新途径和新形式，行业获得了长足的发展。2010年中国内地保费收入达到1.45万亿元，保险业总资产达到5.05万亿元，已经成为全球重要的新兴保险市场。

在服务“三农”方面，保险渗透到农民生活、农业生产、农村稳定等领域，覆盖了全国1.4亿户农民，保险责任比发达国家更为广泛。在参与社会保障体系建设方面，商业养老和健康保险实现专业化经营，保险保障力度加大。年金保险服务不断完善，97%以上的企业选择养老保险公司作为受托人，保险机构管理的企业年金基金占45%以上。在促进公共管理创新方面，完善交强险制度，促使驾驶人守法驾驶，保障道路安全有序。推进旅行社、环境保护、安全生产、校园、医疗等与公众利益密切相关领域的责任保险发展，承担各类责任风险保障金额33万亿元。保险越来越与群众生产生活紧密相关，已经成为保障和增进群众幸福必不可少的金融工具。

广东保险业在省委、省政府的正确领导和各级、各部门的大力支持下，充分发挥全国保险排头兵作用，在服务经济社会发展上走在全国前列，先后涌现出“番禺模式”、“湛江模式”等服务医疗卫生体制改革的先进典型，涌现出“车险快处快赔机制”、“出租屋治安保险服务”等参与社会管理的先进做法，为全国提供了好的经验。

“十二五”时期保险业仍然处于可以大有作为的重要战略机遇期，保障和改善民生、增进群众幸福依然是保险发展的出发点和落脚点。本次论坛汇集了领导嘉宾、专家学者的智慧和实践成果，留给了我们一笔重要的精神财富，这必将对保险业发展产生积极的推动作用。下面，我对广东保险业如何以此次论坛为契机，更好地服务广东经济社会和人民生活，谈几点建议：一是要广泛宣传。要通过各种形式广泛宣传保险服务群众幸福生活的理论、经验和做法，推动行业更好地服务广大人民群众。二是要提升服务。要将保险如何服务群众幸福生活作为重要课题深入研究，进一步明确行业的责任和使命，进一步定清工作目标和任务。全面梳理近年来保险业在支持经济社会建设、保障民生和维护保险消费者利益等方面的经验和不足，切实提高保险服务水平，在实践中着力增强为群众创造幸福的能力。三是要创造经验。“保险，让生活更幸福”是一个非常好的理念，广东保险业要以更开阔的视野、更扎实的工作，把这个好的理念变为鲜活的实践，更好地服务于广东经济社会发展，更多地为全国提供好的经验。

第三章

精彩对话

【提要】

2011年11月13日至15日，广州东方宾馆高朋满座，群贤毕至，15名来自不同国家、说着不同语言的“洋顾问”抵达广州，共同为广东经济转型升级出谋划策。他们之中既有运筹帷幄的商界领袖，又有造诣深厚的专家学者；既有来自电气机械、能源化工、电子信息、生物制药等先进制造业领域的“巨头”，也有来自金融、科研服务、贸易、现代物流等现代服务业领域的“领军人物”。

会议期间，广东省省长（时任代省长）朱小丹，时任副省长宋海，副省长招玉芳、陈云贤分别会见了这些远到而来的贵宾们。在一场场会见中，顾问们的真知灼见为广东的转型升级发展的新思维“锦上添花”，广东与世界的共赢合作也前进了一大步。以下是省长们与部分顾问会谈时的精彩片段。

第一节　省领导与顾问对话

一、构建开放式创新体系

朱小丹省长会见爱立信公司总裁兼首席执行官卫翰思先生

时间：2011年11月13日

地点：广州市东方宾馆

朱小丹：爱立信公司是广东的老顾问机构，自2003年起就担任省长顾问机构，连续3年（2003—2007年）派省长经济顾问参加我们的国际咨询会。2007年爱立信公司的省长经济顾问专门在国际咨询会上提出了制定吸引人才战略、建立科技创新平台、支持中小企业发展等建议，这都给广东制定相关政策提供了很好的决策参考作用。特别是爱立信与广东移动的合作是卓有成效的，这中间创造了多个“中国第一”，包括中国第一个模拟移动网络、第一个GSM网络等等。

广东正处在转型升级的关键时刻，我们正在全力调整经济结构，促进传统经济发展方式的转变。目前广东产业大体还是处于世界产业链的低端，我们要改变过去那种靠拼投入、拼资源、拼环境或者更多依靠劳动力红利的传统发展方式，更多转向依靠创新的带动，加快构建广东的区域创新体系，加快提升广东的自主创新能力，这是广东的核心战略。

您提出的开放式创新的概念，是一个非常先进的概念，这给我们很多的启发。应该说，广东这30多年的发展，首先得益于开放，开放式创新对于广东实施自主创新战略具有非常重要的意义。接下来我们会围绕广东的创新体系建设，很好地吸纳您各方面的建议，包括建立创新的机制体系，创造世界一流的研究和教育环境，建设一系列研究中心，以更大的力度促进产学研合作，注重采取更好的优惠政策吸引国内外人才。

卫翰思：对我来说，广州是非常亲切的城市，我在爱立信的第一份外派职务就在广州，我在爱立信的前6个月是在广州度过的。爱立信非常重视在广东的发展，我们在广东创造了许多第一。爱立信在广东有2000多名员工，这2000多名员工有近一半从事研发工作，过去两年，我们在广州和深圳分别设立了两个研发机构，在广东从事研发工作的人员增加了800多名。

我们相信，信息技术产业的发展和移动互联网的发展对社会的影响是很大的，对国家GDP增长也有举足轻重的影响。最近，我们研究了124个案例，研究宽带领域对他们的影响。研究结果显示，每当宽带渗透率提高10%，GDP就能提高1%，如果有1000个宽带相连接，就有另外8个新的工作机会被创造出来。

我们深信移动网络、宽带业务的发展对广东发展会有巨大影响，非常愿意加强与广东在这方面的合作，进一步扩大移动互联网在广东的业务。

此外，推进教育发展也是我们在广东发展中非常重要的环节。我们希望宽带技术可以在农村建立试点项目，能让农村的孩子通过宽带业务受到更好的教育。我们将和合作伙伴广东移动加强合作，推进项目的实施，让山区孩子通过宽带得到远程教育，这也是爱立信和广东推进合作的方向之一。

二、建设“绿色挑战”创新中心

朱小丹省长会见通用电气公司副董事长庄睿思先生

时间：2011年11月13日

地点：广州东方宾馆

朱小丹：通用电气公司是知名跨国公司，是全球基础设施、金融和媒体等领域的国际领先者，目前通用电气公司在塑料、有机硅等行业对粤投资超过2亿美元，在资本市场方面与深圳发展银行、广发银行有着良好合作，并在新能源领域与中科院广州能源研究所开展了联合研发。尤其值得一提的是，通用电气公司在广州建立了中国南方区总部和亚太地区家电采购中心，2010年在广东地区的采购额超过9亿美元。

贵公司的咨询报告，全面阐述了创新主体“丰富化”、创新合作“多元化”、创新战略“本土化”、创新视野“全球化”、创新内涵“人文化”、创新标准“平民化”的全球创新趋势，拓宽了我们的创新思路，而且介绍了通用电气公司在开放式创新的成功经验，给了我们很多启发。在此基础上，贵公司还提出了推动创新技术商业化、通过创新合作打造新兴产业、完善创新的金融环境和知识产权环境、推进创新的区域和国际合作、加强创新型人才的培养、大力提倡和发展创新文化等一系列对于广东来说具有很强借鉴意义的建议。

希望今后双方加大在新兴产业领域的合作。包括刚刚启动的城市轨道交通建设所需要的轨道交通装备制造业，医疗器械产业，风电、太阳能等新能源产业等。广东希望在这些新兴产业领域和通用电气公司建立紧密的联系。

庄睿思：通用电气公司正在大中华区建立一个更强的团队，目前在整个中国的员工数已经达到18000多名。过去几年，我们把广州建成我们华南区运行的总部，我们的家电和工业解决方案事业部在广东建立了一个非常大的、面向亚洲的采购中心。

此前，我们宣布建立一个“绿色挑战”的开发平台，这一平台也在广州同时启动了。“绿色挑战”的主要想法是建立一个基金，各方共同投入，对绿色环保事业提供好的解决方案。我们了解到广东开始把环保作为非常重要的一个战略目标，通用开始考虑把广州市作为创新中心的一个建设地点，建立公司第一个地区性的创新基地，并希望将这一模式向全省拓展。

您刚才提到广东省的重点建设，如城轨建设、医疗基础设施、风能、太阳能等，这些都是通用电气公司非常重视并且十分具有优势的产业，我们一定会尽全力支持广东发展这些产业。在广东的医疗产业，我们有400多名员工，其中一半从事工厂制造，另一半从事销售工作。现在广东开始建设海上风电项目，对此我们也很有兴趣，希望在风能和太阳能领域加强研发方面的合作。同时，公司开始致力于投资煤气化，这一新技术能够减少煤燃烧产生的污染，我们非常愿意参与到广东的相关项目当中。

三、加快发展清洁能源和可再生能源

朱小丹省长会见BP公司董事长思文凯先生

时间：2011年11月13日

地点：广州东方宾馆

朱小丹：BP跟广东有较长时间、亲密而富有成效的合作。BP在广东的投资达27亿美元，BP的一系列重要项目，如广州LNG、南沙油库油码头、珠海PTA工厂、中油BP合资公司等一系列合作项目都取得了很好的业绩，是我们与外资企业合作的典范。我们非常高兴地看到，广东已成为BP在中国内地业务发展的核心地区之一。

您这次为国际咨询会提供的咨询报告，非常精彩，有很强的针对性、前瞻性和务实性：一是解决环境问题，实现可持续发展，必须要获得企业、非政府机构及公众的支持；二是加大人才培养和技术投资力度；三是积极开发新能源和可再生能源，加快对传统耗能工业进行节能改造；四是传统工业的新增长，必将促进相关行业发展，奠定广东可持续发展的基础。

您的这些建议抓住了广东最关注的问题，经过30多年改革开放，广东经济有很大的发展，但在长时间高速发展过程中，我们也付出了惨重的代价，主要是工业的集聚膨胀，对环境产生很大影响。这些影响在相当部分地区，尤其是经济发达地区，比如对珠三角地区有严重的破坏。

环境的破坏，直接伤害的是人的利益，这种发展方式是不能继续下去的，广东正在着力调整产业结构，转变我们的经济发展方式。广东是一个能源消耗大省，同时又是能源匮乏的省份，所以清洁能源、可再生能源这方面的技术研究和推广应用是我们节能减排的重要方向之一。我们希望与BP的未来合作，在这些领域取得良好的成效。

思文凯：国际咨询会给我们提供了一个平台，让我们更好地了解到广东的实际情况，有助于我们在广东业务的发展。我们也希望顾问公司提的建议对广东有益。

珠海PTA项目是我们与珠海合资的项目，这个项目对广东、对BP来说都是非常关键的。通过这一项目，能够提升广东在PTA产品方面的竞争力，同时这一项目非常高效、环保。

就像您刚才提到的，对于世界、对于中国来说，很大挑战来自能源方面。根据我们预测，全世界接下来的20年中能源消费将增长40%，中国也将在接下来的20年中能源消费翻倍。我们在能源方面，尤其是清洁能源、可再生能源方面大有可为。然而，由于清洁能源还处于早期发展阶段，我们现在大部分还需依赖石化能源。

四、加快发展为高端制造业服务的现代物流业

朱小丹省长会见UPS公司国际总裁丹·布鲁托先生

时间：2011年11月13日

地点：广州东方宾馆

朱小丹：UPS是全球领先的物流企业和世界上最大的包裹运送服务公司，实力非常强。2004年12月，UPS将中国区的快递业务总公司设在广州，独资设立了优比速包裹运送（广东）有限公司；2010年10月，投资1.8亿美元，建成深圳宝安国际机场的UPS亚太转运中心，有力地促进了广东现代物流业的发展，也推动了广东经济的国际化。

您在咨询报告中介绍了新加坡的经验。新加坡在经济转型过程中，打造全球经济网络重要节点，把发展物流产业、提升物流服务能力作为重要方

向。一直以来，我们都非常重视学习借鉴新加坡转型和发展的经验。

未来，广州要构建以服务业为主体和主导的现代产业体系。在现代服务业发展部署中，要把物流业放在第一位，甚至放在金融业的前面，这主要是考虑广州是一个港口城市，原来就有规模相当大的海港，后来又建立了国际化的空港，所以我们要全力以赴做强、做大港口经济和空港经济，这就离不开现代服务业的全面提升和发展。现在，我们还有一个很大的设想，就是对广东民航事业的发展作全面的规划，航空物流是这一规划中考虑的突出重点。

丹·布鲁托：UPS将加强在广东的物流业发展。我们之所以选取深圳作为UPS亚太转运中心，主要是出于长期的战略考虑——我们长期看好广东未来的发展前景，在深圳设立亚太转运中心有利于把广东与其他亚太市场，以及全球市场更加紧密地联合起来。

UPS在全球拥有两个非常重要的转运中心，一个在美国肯塔基州的路易斯维尔市，是UPS全球转运中心；另一个在德国的科隆，是我们的欧洲转运中心。这两个转运中心不仅规模巨大，而且还拥有强大的辐射作用，通过转运中心，可以把美国、德国的市场和整个全球市场联系起来。未来深圳也将有很好的发展前景，能够达到和上述两个转运中心一样大的规模。

从UPS的业务发展经验看，高端制造业企业在投资选址时习惯选择距离物流中心较近的位置，特别是有很多高效物流企业聚集的地区。例如UPS路易斯维尔的全球转运中心，拥有一个约84万平方米的仓库，为当地很多高端制造企业提供仓储、维修、配送服务。在科隆也是一样，很多高端制造企业都会选择在科隆转运中心附近投资设厂。

UPS还将加强与广东发展空港物流园区的合作。广东在这一方面也有良好的基础，特别是很多高端制造企业在广州设立了零配件生产厂。当时选择深圳作为亚太转运中心，是希望在深圳亚太转运中心发展高端制造业零配件和产品的配送、维修及仓储服务。

五、加快开发新能源

朱小丹省长会见美国艾默生电气公司总裁兼首席运营官孟瑟先生

时间：2011年11月13日

地点：广州东方宾馆

朱小丹：您的咨询报告深入分析了广东转型发展中面临的一些突出问题。包括制造业工厂外迁、劳动力成本上升、周期性电力紧张、水质和空气污染加深等一系列问题和挑战。同时，您的建议也是富有建设性的。您提出了要吸引跨国企业设立区域及全球研发中心、帮助企业吸引并留住人才、提高政府政策制定水平及效率、强化知识产权保护、促进产学研更紧密结合，一共五个方面的好建议。

我们希望艾默生能够加强与广东在风力发电领域核心技术研发方面的合作。广东有4000多千米长的海岸线，风能资源相对比较丰富，将来风电也是我们发展可再生能源的一个重要领域。按照计划，到2015年，也就是“十二五”期末，广东风电装机容量将达到350万千瓦。艾默生在风电研发领域有非常强的力量且有先进的技术。我们非常希望谋求和艾默生在风电装备制造领域的合作，最重要的是争取能够引进你们的先进技术。

孟瑟：目前我们计划在粤实施的每个项目均按时间表在积极推进，员工工资上升非常快，我们要保持原有的竞争力，就必须尽快提高工厂的自动化水平。工厂的自动化水平提升了，对员工的要求也就进一步提高。因此，艾默生其实也在做转型升级的工作，这样将使我们更具竞争力。过去一年，艾默生在中国的营业额超过30亿美元。明年我们希望达到60亿美元。

刚才省长先生提到的几个合作领域，节能环保、风能、天然气等领域，艾默生有很强的优势。现在艾默生网络能源公司要在深圳建立研发基地，主要也是新能源研发的需要。目前，艾默生在发电机、联轴器等方面都有现成的技术。这些技术也可以被运用到海上的项目。广东要大力发展风电，特别是海上风电，我觉得是一个非常好的建议。海上风电很特殊，需要高质量和可靠性作保证，艾默生在挪威、中国北海、美国等地均有成功的案例。

六、加快战略性新兴产业发展

朱小丹省长会见日立集团会长（董事长）川村 隆先生

时间：2011年11月13日

地点：广州东方宾馆

朱小丹：2007年起，日立集团就应邀担任了广东省省长顾问机构。日立集团在上届国际咨询会针对构建珠江三角洲城市圈中的城市开发问题，提出了创建环境友好、可持续发展城市，构建多功能复合型城市等建议，对广东启发很大。日立集团是全球最大的综合跨国集团之一，与广东的合作早已开始，并不断扩大和深化。早在20世纪90年代，日立集团就开始在广东投资建厂，目前共在广东省共投资设立了27家企业。2010年，日立集团在广东的销售额约为30亿美元。日立集团在广东的投资及业务的拓展，有力地支持了广东的现代化建设。

您提到广东可以按照“课题解决型创新”的思维方式，以解决发展难题和突破关键环节为目标，重点培育战略性产业，推动产业结构转型升级。“课题解决型创新”是针对我们发展过程中深层次和突出问题的一种有的放矢的创新。而广东面临的一系列发展中的重大课题都必须通过创新来予以解决，比如说广东产业长期处于全球产业链低端，广东的环境问题和能源约束问题等等。

川村 隆：广东是中国改革开放的先行地。至今为止，不仅自身取得了巨大的发展，对整个中国的发展也作出了卓越贡献。日立集团希望能继续对广东发展作出贡献，同时期望与广东一起发展。日立集团1910年创业，产业涉及从重工业、产业机械、计算机、电子信息、家电产业等多个领域，年销售额达到1120亿美元。2010年度的财富世界500强排名第40位。日立集团在在电梯、空气压缩机、电动工具、汽车零部件等方面，已实现了在广东当地生产。

目前，日立在广州知识城的项目刚刚起步。现在我们在广州知识城有10位工作人员，在日本还有30位工作人员，共同推进这个项目。

在相关机械制造的合作中，目前公司正在积极推进产品研发、设计及整机和零部件的生产，并且以广州为总部面向全国推广相关的一些业务的发展。在广州，我们除了电梯之外，还在空调、压缩机、ATM、信息等领域开展了业务。今后我们将进一步加强与广东在这些领域的合作与发展。

对于汽车零部件领域的合作方面，日立积极推广这块业务的发展。我们充分认识到广东特别是广州在汽车零部件的发展上，是一个非常重要的地区。日立正与相关部门探讨在广州设立新的汽车零部件生产基地。

七、加快完善社会保障体系

朱小丹省长会见忠利集团执行总裁巴比诺特先生

时间：2011年11月13日

地点：广州东方宾馆

朱小丹：忠利集团是意大利最大的保险公司，在全球500强公司中位居第三十三，实力很强。2002年在广州成立了中意人寿保险公司，去年中意人寿广东分公司的保费收入达13.2亿元，居广东合资寿险公司第二位。这说明我们之间的合作是富有成效的。

您在报告中分析了当前幸福广东建设的方向和面临的主要难点，指出了我们当前的福利政策特别是社会保险领域存在的主要问题，同时也分析了养老保险中存在的中小企业年金比重小、养老金投资表现差、年金市场处于初级阶段等方面的问题。

应该说，当前社会保障体系的进一步建立和完善是我们在社会民生事业领域必须突出抓好的一件事情。现在我们一方面要拓宽养老保险的覆盖面，另一方面要再大力推进农村新型养老保险。我们考虑在明年基本实现农村新型养老保险制度的全覆盖，也就是说要争取85%以上的覆盖率。城乡居民如果得不到基本的社会保障，幸福就无从说起。您的建议是非常符合广东当前发展实际的，而且跟我们的福利政策和社会保障体系建设工作需要相吻合。

巴比诺特：目前，忠利集团已决定在广东加强非寿险业务的发展。忠利集团已在中国设立了中意保险公司，经过10年的发展，各项业务稳步增长。忠利集团将积极采纳省长先生刚才提出的各项建议，进一步加强创新，在医疗保险等领域为广东设计出更多更好的产品，并积极为广东的发展提出更多好的建议。

欣闻广东已在佛山南海设立了金融高新技术服务区，忠利集团将进一步加强与广东省的联系，进一步寻求加强我们双方合作的机会。

八、合作让核电更安全

朱小丹省长会见法国电力公司高级执行副总裁马识路先生

时间：2011年11月13日

地点：广州东方宾馆

朱小丹：法电公司是全球最大的核电运营商和著名能源企业，与广东有着时间非常长、成效非常卓著的良好的合作。早在20世纪80年代，法电公司就作为技术责任方参与了广东大亚湾核电项目建设，此后又参与了岭澳核电站一、二期工程建设。由中广核集团与法电公司共同投资建设的台山核电站项目一期工程现在也已开工，这是中法两国目前为止最大的能源合作项目。这些突出的合作成果，说明我们之间的合作具有非常广阔的前景。

广东是能源消费大省，也是能源匮乏省份。2011年以来，由于西电送出地遭遇比较长时间的干旱，西部水电有所减少，从而西电送广东份额也有所压减，广东工业生产面临比较严重的缺电现象，有些地区已经出现“开四停三”甚至“开三停四”的情况。

“十二五”时期，广东产业还会有比较大的发展，一批重大项目将会陆续开工建设或投产发挥作用，电力需求将继续增长。广东希望原来规划的核电建设项目在国家支持下继续向前推进，为了配合核电发展，广东希望在核电装备制造方面形成几个比较大的、集聚性的核电装备产业园区。不论是核电的建设，还是核电装备产业园区的建设，广东都迫切需要加强与法电的合作。

我们希望共同打造核电装备产业园区。广东已作出规划，在广州南沙、江门台山和深圳龙岗建设全省三个大规模的核电产业园区，目前招商正在全面推进，法国瓦卢瑞克核电管材公司等企业已经开始进驻上述园区。希望法电能够积极引荐法国优秀核电装备制造企业进驻这些园区，把更多关键设备放到这些园区来生产，同时加大先进技术向广东的输出力度。

马识路：法电是目前世界上最大的核电运营商，我们坚信在这方面有很多经验可以与中国，尤其是我们的合作伙伴中广核分享，现在中广核是拥有在建项目最多的核电企业。在中广核与法电的合作中，我们意识到目前的合作模式是把各自优势发挥出来，一个是世界上最大的核电运营商，另一个是世界上最大的核电项目建造商，经验是互补的，这种合作能够给各方带来好处。

我们很荣幸能够参与广东省重大项目——台山核电站的建设。这个项目采用的技术和法国弗拉芒维尔核电站项目采用的技术是一样的，而法国弗拉芒维尔核电站比台山核电站提前两年开工，我们也注意将推进过程中的一些经验应用在台山核电站项目上。

15年前，法电带领60—70家法国制造核电设备的中小型企业来到广东，当时是想鼓励这些企业在广东安家落户，刚才您提到核电产业园区，我们也希望有更多企业到这里来。现在来到广东的法国中小型企业已经成立了一个协会，这也表明了他们的意愿：就是希望能够跟广东建立更紧密、更长期的联系，这对广东省核电产业链的形成会有很大的帮助。

九、健全职工社会保障制度

朱小丹省长会见MS&AD保险集团控股公司董事总经理兼首席执行官江头 敏明先生

时间：2011年11月13日

地点：广州东方宾馆

朱小丹：贵公司旗下的核心企业三井住友海上火灾保险公司于2008年9月在我们广东设立了三井住友海上火灾保险（中国）有限公司广东分公司，成为首家在广东开业的日资保险经营机构；2011年1月又设立了深圳营销服务部。

您所提的建议，对广东当前许多重要的工作都极富启发性意义。当前企业劳动关系问题是我们特别关注的一个问题，这里牵涉到企业员工的社会保险制度的完善，牵涉到企业职工福利政策的完善，也牵涉到企业的人才培养、人才作用的发挥这一系列制度的完善。

现在广东各级政府正在着力推进企业员工的权益保障，采取的措施包括逐步提高企业的最低工资水平，普及企业员工的养老保险和医疗保险，进一步倡导企业的人文关怀，关注企业员工的精神健康。同时，也考虑用一种创新的办法，在积极地通过政府努力去健全职工的社会保障制度的同时，引入市场的手段为职工服务，包括探索发挥商业保险的作用，健全职工社会保障制度。

江头 敏明：由于中国经济的快速增长，我们广东分公司的发展非常顺利，现在保费也在逐步地增长。日本因为经济处于停滞期，人口也在减少，所以发展没有像中国的这么迅速。

我们的目标是要成长为一个国际性的集团，现在在42个国家和地区都有经营保险业务。公司最重要的业务是在亚洲，亚洲最重要的业务是在中国，这是我们一直非常期待的。

十、加快推行行业供应链管理

朱小丹省长会见丸红株式会社会长（董事长）胜俣 宣夫先生

时间：2011年11月13日

地点：广州东方宾馆

朱小丹：广东现在正处在产业结构、经济结构调整最关键的时期，在我们原来处于比较低端的，也就是全球产业链比较低端的原有产业结构的基础上，要进行转型升级的话，我们把现代服务业放在发展的重点位置。而在现代服务业的发展当中，我们更加注重生产服务业，尤其是像物流这样的生产服务业发展。

2011年3月，我们已经提出了生产服务业与制造业融合性发展的行动方案，同时我们也出台了广东省物流业振兴和调整的规划，另外，我们也正在研究，并且很快将出台广东省现代物流业发展规划（2012—2015年）。所以阁下提出在促进制造业和服务业相融合这个总的指引之下，来进一步建设好我们的综合物流服务体系，来推广供应链的管理，包括我们国内的销售网络，改善我们的售后服务，实施品牌战略等这些建议，都是非常有针对性的。

建议丸红能够发挥作为国际大型综合商社的独特优势，加大和广东在商贸服务领域的合作。同时，丸红和广东合作建设现代化的物流配送中心。这一物流配送中心可以立足珠三角，立足粤港澳，面向华南以至全中国，甚至将来把它的辐射范围扩大到整个亚太地区。

胜俣 宣夫：丸红的年销售额大概在8000亿元，利润大概在130亿元。像综合商社这种经济形态也只是在日本存在的一种经济形态，可能比较难理解。综合商社是以物流贸易为基础来大量进行投资的一种经济形态，在进行投资实业的同时，把物流结合起来。

丸红希望参与中新广州知识城的开发建设。知识城的建设，从研发的角度看，比如建立以后它作为一个研发中心，能够吸收世界优秀的研发企业，并且能够把世界各地的人才都吸引过来，从这个角度来说，它本身就是供应链的一个非常优秀的例子。

拿制造飞机的波音公司举例说明，本身波音公司是做飞机的设计，就是怎么样让飞机又轻又快地飞行，它让所有的部门围绕这个东西来进行研发，这样的话，波音各个部门就把世界上最好的技术融入到自己的设计和研发中，所有的设备最后的集约化，它自己来搞。而所有的部门，都选用世界各地最强的技术。

十一、加快广东教育国际化进程

朱小丹省长会见卡内基梅隆大学校长杰瑞德·柯亨教授

时间：2011年11月14日

地点：广州东方宾馆

朱小丹：您在报告中给我们介绍了卡内基梅隆大学的办学模式和先进理念，给我们很多的启发，让我们受益匪浅，同时您结合广东产业发展的情况，提出了鼓励发展可提升员工技能的优势产业、加强企业与大学的合作、招聘有成熟经验的人才、加强广东与国外大学的合作等建议，都极富针对性和建设性。

广东现在正处于转型升级的关键时刻，我们正努力越过这个“坎”。转型升级的决定性因素在于人才，而人才的培养离不开教育，所以我们接下来将在围绕转型升级展开人才战略和服务于人才战略的教育发展中，积极采纳您所有的有建设性的建议和意见。

卡内基梅隆大学与中山大学的合作，在签约后将正式启动，这是具有突破性意义的。相信双方的这种合作，是建立在一个共同的信念、共同的追求、共同的梦想上的，双方会尽全力推进项目的发展，而且项目的发展将得到广州市、顺德区的全力支持，所以我们对这个项目充满信心。我们非常希望借助卡内基梅隆大学的声望，借助您们强大的师资队伍和科研力量，通过贵校的介入，带动广东高等教育上一个新的水平。

杰瑞德·柯亨：中山大学是一所非常优秀的大学，我们希望通过卡内基梅隆大学与中山大学的合作，能够使它变得更加出色，更加优秀。中山大学有很多的优秀人才，我们对两所大学的合作非常乐观，同时对卡内基梅隆大学与广东合作也持乐观的态度，我们将全力以赴支持这些合作项目。

十二、广东力推资本市场对外开放与合作

朱小丹省长会见野村控股株式会社会长（董事长）古贺 信行先生

时间：2011年11月14日

地点：广州东方宾馆

朱小丹：野村控股株式会社是全世界最大的证券公司之一，与广东的合作最早可以追溯到改革开放初期，在成立广州技术开发区时就参与提供了建议和协助。近年来在中国的业务也不断增加，为多家中国企业在资本市场融资、战略并购等方面提供了优质的金融服务，协助多家中国企业成功实现国际化。

野村控股株式会社是日本第一大券商，也是最早拓展中国金融和投资业务的境外机构之一。希望野村控股株式会社在广东设立区域性总部，拓展金融业务。可以借助广东，形成很大的发展腹地，从珠三角、粤港澳到华南和泛珠三角区域，发展空间广阔。

同时，欢迎野村参与广东金融改革创新合作。根据国家批复的《珠江三角洲地区改革与发展规划纲要》，广东正在建设金融改革与创新综合试验区。此外，横琴新区被国家赋予特殊的政策，金融方面的政策包括：允许筹建或引进信托机构，发行多币种产业投资基金，开展多币种土地信托基金（计划）试点；允许将部分涉及金融机构和业务准入、货币交易以及外汇市场方面审批事项和监管权限下放到珠海市相关金融监管部门等。国家对深圳前海地区赋予了在金融改革创新方面先行先试的政策，包括推动资本市场的对外开放和合作等。

野村控股株式会社在离岸金融业务上有着丰富的经验，又具有QFII资格，可以在涉外金融业务包括离岸业务、债券市场、股权投资基金及证券投资、基金业务等方面拓展与广东合作的空间。

古贺 信行：野村最近正在构建全球网络，希望给客户提供优质服务，所以我提到了双向直接投资，这对双方都有好处。比如说，通过吸引国外优秀的经营资源和技术等，可以改进自身的发展水平。同时，广东经过多年的发展，有很多有实力的企业，而这些企业的发展对资金的需求很大，野村希望可以帮助这些企业在海外筹集资金或帮助它们走出去。

关于加强证券业方面的合作，由于当前中国还有一些政策限制，野村1982年就在北京设立了办事处，1984年在上海设立办事处，但现在由于一些政策的限制，还不允许开展具体业务。野村非常希望能够进入中国市场。

十三、加速互联网数据中心建设

朱小丹省长会见富士通株式会社会长（董事长）间塚 道义先生

时间：2011年11月14日

地点：广州东方宾馆

朱小丹：富士通株式会社是全球五大IT服务公司之一，也是广东长期的经济合作伙伴。富士通近年来先后在广东投资设立了三家企业，总投资额超过3000万美元，这说明富士通在推进与广东合作的过程中已取得实际成效。

您在咨询报告中详细地阐述了信息技术发展对人类社会和经济发展的促

进作用。高端信息技术正是广东这几年部署发展的战略性新兴产业中排在首位的产业。你们提出的关于要加大对信息通信服务产业发展的支持力度，加强互联网数据中心等云计算网络相关基础设施建设，加强在医疗、交通、能源等领域的信息服务合作等建议，我们都非常欢迎，觉得非常有实际应用价值。

广东已就进一步推进信息通信产业发展出台了几个非常重要的政策意见，包括《关于加强信息技术和互联网应用建设数字广东的意见》、《关于加快发展我省现代信息服务业的意见》、《关于加快发展物联网建设智慧广东的实施意见》等，这些意见的实施都跟我们与富士通未来的合作有非常紧密的关系，我们非常希望在这些方面探讨双方合作的可行性，找到合作的共同点。

间塚 道义：广东是以发展制造业促进经济发展的，未来制造业发展要加强上游建设，加强技术创新和产品研发。富士通的云计算是新一代工程性云计算，希望在华南数据中心投入运营，对广东的制造业进一步发展作出贡献。中国正在加强物联网建设，物联网建设的核心实际上就是云计算。

关于华南数据中心的建设，我们将全力推进。建立华南数据中心不是目的而是手段，希望能以此促进广东服务业制造业进一步升级。

ICT服务产业正在进入新的发展阶段，广东的ICT服务产业技术已走在中国前列，但实际上更多地依赖于服务外包，外包是拿订单而不是服务源头，所以附加值较低，在30%左右。希望广东不仅仅是承包外包服务，而是要加强设计和开发能力，发展高附加价值的ICT服务业。这需要培养高端人才，我们愿意跟广东合作，在培养人才方面作贡献。

十四、推荐医疗卫生改革发展

朱小丹省长会见瑞士诺华公司首席执行官江慕忠先生

时间：2011年11月15日

地点：广州东方宾馆

朱小丹：您所提的建议包括：通过鼓励政产学研合作、吸引全球高端优秀人才、推动物流产业发展等措施，建设更加开放的广东；通过破除临床试验壁垒、实施有效的数据保护机制、推进医药卫生体制改革、完善药物定价机制等措施，建设更具有开创性的广东；通过加强政府监管、实施知识产权保护制度、加大力度打击侵犯知识产权和假冒伪劣产品等措施，建设可持续发展的广东等等。这些建议对于广东来说，都具有极强的针对性、前瞻性、务实性和参考性。

诺华不仅在制药领域方面，而且在覆盖社会、面向社会的医疗保健服务体系建设方面，具有极其丰富的经验。今后，广东推进医疗卫生改革发展的重要举措之一，是完善医疗保健服务体系，特别是基本医疗保健服务体系，从而建立面向最广大人民群众的医疗卫生服务机制。希望诺华能够将已形成的、丰富的、具有国际一流水平的经验，与广东分享，从而使广东医疗保健机制建设有较高的起点。

江慕忠： 实际上，诺华增加对山德士的投资是省长先生访问巴塞尔的直接成果。我们非常期待能够加强与广东的合作，希望这只是诺华对广东投资的良好开端，今后诺华在广东的投资将会不断增加。

我们的合作能够进一步加强，诺华非常乐意分享在医疗体系建设当中的经验。

十五、构建联合创新平台

朱小丹会见德国弗劳恩霍夫协会主席汉斯-约克 布凌格教授

时间：2011年11月15日

地点：广州东方宾馆

朱小丹： 布凌格教授是广东的老朋友，也是我们特别尊重的一位老朋友。从2003年开始，您连续5次参加广东经济发展国际咨询会。在上次国际咨询会上，您提出采用独立式污水处理系统，实现可持续的水资源利用和管理以及成立广东省标杆分析中心的建议，都被广东列为了重点建议加以采纳。

广东希望联合德国弗劳恩霍夫协会组建新能源汽车技术创新联盟。广东最近引进的一汽大众南方基地正在加紧建设，这一基地将会在2013年完成首期任务，形成30万辆产能的汽车制造基地，项目二期工程也将达到30万辆的产能，佛山南海总共60万辆产能的一汽大众新的南方基地令人瞩目。

广东希望德国大众公司能够结合南海的大型汽车项目建设，尽快设立电动汽车研发中心；同时，我们非常真诚地希望德国弗劳恩霍夫协会来做研发中心的牵头机构。将这一研发中心打造成立足广东、面对全国市场的，并且将来走向世界的综合性的技术创新联盟。希望能在这里建立起真正世界顶尖级的电动汽车研发基地，以中国这个最大的汽车市场为依托，尽快能够实现电动汽车在各类关键核心技术方面的进一步突破，使电动汽车能够加快推进应用步伐，以改变目前市场十分尴尬的“雷声大、雨点小”的状况。

布凌格：谈到汽车产业创新，必须考虑到两个层面的问题，一是车的本身，另一个是生产基地。我给大众公司的建议是，首先要复制自主品牌汽车成功生产的经验，并专注于新能源汽车的生产。我们非常希望与广东加强合作。特别是在电池领域，我们从1985年就开始和中国有过合作，并一直有领先的优势和丰富的经验。

刚才您提到“公共创新平台”，在德国也有类似的高科技创新平台。我非常荣幸能参与到这一平台的建设当中。如果仅仅照搬德国的经验，这是不可取的。我们应该根据中国的实际情况，积极寻找可利用资源。我们将在包括电动汽车、组建联合工作组、未来城市发展等领域内进行合作。

十六、加大金融创新合作力度

时任副省长宋海会见野村控股株式会社会长古贺 信行先生

时间：2011年11月13日

地点：广州东方宾馆

宋海：“十一五”时期是广东省金融业跨越式发展的阶段。2010年，全省金融业增加值实现2493. 47亿元，是2005年的3. 8倍，“十一五”时期年均增长30. 4%；金融业占GDP比重5年内从2. 9%提高到6. 1%。金融机构资产2010年年末达到11. 54万亿元，规模已经超过了中国香港；全年实现税后净利润1530亿元。2010年年末我省本外币存款余额为8. 2万亿元，占到全国的1/8；本外币贷款余额达5.2万亿元，相当于全国总额的1/10到1/9。全年保费收入是1593亿元，大约占全国的1/9。全省境内上市公司增加到312家，占全国的1/7。证券投资基金资产规模占全国的2/5，期货交易额占全国的1/6。我们不敢说广东是金融强省，但可以说是一个金融大省。

未来5年我们希望充分利用战略机遇期，广东金融业增加值年均增速能达到15%，到2015年，金融业增加值占GDP的比重将达到8%以上，全省金融机构总资产到2015年达到20万亿元左右。

从2004年起中国就提出了“两种资源、两个市场”，鼓励国内企业走出去。广东作为改革开放试验区，推动许多企业走出去，迈出了第一步。但是走出去的步伐还比较慢，企业数比较少，这里有文化、政策、法律和风险等因素的影响。今后我们会进一步鼓励更多的企业走出去。截至目前，广东有60多家企业已经走出去，总投资25亿多元，但是还远远不够，在这些方面野村可以做许多工作。

古贺 信行：广东省从人口的比例来说，以及从经济总量来说占全国的10%，广东今后的发展对全球发展非常重要。广东省自古以来就是外向型的省份，向外发展的机会是很大的，希望在这个过程中可以开展和野村的合作。

从企业发展过程来看，走出去，到海外发展之前，可能还需要上市，也就是IPO的过程。在上市这方面，野村可以做一些工作。野村的母市场在日本，广东可以考虑利用日本的金融资产市场。举例来说，广发银行上市虽然野村没有更多地参与，但是在市场不太好的情况下，从日本的金融市场角度来看，可以通过进行非上市公开发行方式在日本筹集资金，在日本市场上这种形式是一个基本可行的做法。

广东省促进产业结构升级需要双向发展，不仅可以引进国外资金，而且广东省资金也可以走出去，在其他国家进行投资。比如提高产业技术，广东省的企业可以走出去，到其他国家进行收购，在这些需要金融服务的操作方面野村可以发挥较大的作用。

十七、广东金融生态环境改善明显

时任副省长宋海会见忠利集团执行总裁巴比诺特先生

时间：2011年11月13日

地点：广州东方宾馆

宋海：“十一五”时期是新世纪以来广东省金融产业发展最迅速、金融生态环境改善最明显的时期，也可以说，广东的金融业从重风险地区进入了科学发展的轨道，而且取得了很好的效果。

珠海横琴新区和深圳前海地区先后获得国家批准开展金融制度创新与金融开放合作试验。佛山南海的广东金融高新技术服务区现已吸引64家国内外大中型金融机构和金融服务外包企业进驻，总投资额超过210亿元。我想特别介绍一下，AIA和PICC都已进驻，中国银监会也在那成立了干部培训中心。作为世界知名的保险公司，贵公司的进驻可能更有示范意义。

广东以建设金融改革创新综合试验区为重点，全面推进金融改革创新。重点加快建设广州、深圳两个区域金融中心。其中广州要重点建设区域金融管理营运中心、银行保险中心、金融教育资讯中心、支付结算中心等，深圳要重点建设金融产品创新中心、创业投融资中心。要积极推进横琴新区和前海地区金融合作创新的先行先试，加快建设辐射亚太地区的现代金融产业后援服务基地，推进以农村金融改革创新为重点的综合试验区建设，全面提高金融服务信息化水平。另外，广东特别注重继续营造良好的金融发展环境，不管是哪里的公司，中国的、外国的，本省的、还是外省的，我们都十分欢迎并一视同仁。

巴比诺特：中国加入WTO以后，忠利集团首先在广州开设了中意人寿保险有限公司，开始了忠利保险业务在中国的发展。在人寿保险方面，目前我们已覆盖中国八个城市，总保费收入也跃居广东外资保险公司第二位，新单保费居首位。

忠利集团高度重视与广东的合作发展，积极拓展非寿险业务并于近期得到批准，各项筹备工作正在稳步推进之中。目前，广东已实行了一系列的改革措施，希望今后能在更多领域和范围进行合作。

目前在中国，忠利集团主要与相关银行进行合作，但未来不应仅局限于这些合作伙伴，应不断加深和拓展合作领域；同时，忠利集团本身也不仅仅局限于关注保险业，还关注包括私募、投资等领域，例如两年前收购国泰基金管理公司30%的股权等，就是希望忠利集团能在中国不同的金融领域进行更深层次的合作。

忠利集团非常高兴能与广东开展金融合作，目前我们已开展了养老金保险合作，推出了中国最大的养老金保险人计划，涉及45万被保险人。我们希望能把忠利集团在欧洲的保险经验，包括养老金经验，应用于中国，特别是广东经济的发展。

十八、发展高效的物流服务

招玉芳副省长会见UPS公司国际总裁丹·布鲁托先生

时间：2011年11月13日

地点：广州东方宾馆

招玉芳：广东省发展到今天，从整个经济总量上来看，占了全国GDP总量的1/9，2010年我省GDP总量超过4.5万亿人民币。在广东庞大的经济总量中，生产制造业非常重要，占据了相当大的比例。今后，对于如何在一个经济总量如此庞大且以生产制造业为主并占据了较大比例的省份里，加快现代服务业和物流业的发展，是今后我省发展战略的一个重要方面。2010年，广东社会物流总额达11.16万亿元，增长15%。全省物流业增加值达3055.77亿元，增长16.9%，明显高于经济增长速度。

广东将加快发展现代服务业和物流业，加快出台更有针对性、更能促进服务业和物流业发展的政策措施等，比如《广东省现代物流业发展规划（2012—2015）》，就明确提出进一步调整物流产业结构、逐步缓解基础设施“瓶颈”、优化物流产业布局、产业总量继续保持稳定增长等。相信未来UPS集团在广东可以大展宏图，广东将全力支持像UPS公司这样的企业在广东发展。

丹·布鲁托：广东省在打造国际物流中心方面具有很多的优势和良好的

发展机会。众所周知，出于长期发展的考虑，UPS在深圳投资建立了亚太转运中心。我们希望与广东加强合作，吸引高价值企业和高端制造企业入驻广东，并为其提供高效的物流服务。UPS在此方面经验丰富，例如UPS在美国路易斯维尔的国际转运中心和在德国科隆的欧洲转运中心。这些转运中心的设立，吸引了很多高端制造企业。

发展高效的物流服务，益处有三：第一，有助于降低成本；第二，需要各种政策的支持，允许货物在不同海关间进行运输；第三，加强物流中心与空港、海港的紧密连接，运用这些基础设施更高效地运送货物。

另外，政府还需要制定一些配套政策，给予企业更多的运营灵活性，如允许企业在同一个场地操作快件和普通货物等。如果广东能够在上述方面给予支持的话，就将会吸引更多的高端制造企业入驻广东进行投资。这些未来入驻的企业不仅包括大型企业，而且也包括大量的中小型企业。

十九、优化产业可持续发展的环境

陈云贤副省长会见BP公司董事长思文凯先生

时间：2011年11月13日

地点：广州东方宾馆

陈云贤：广东的经济发展一直取得了比较好的成绩，今年前三个季度广东国民生产总值达到了3. 7万亿元，增长10. 1%，进出口总额达到6700多亿美金，增长超过20%。广东的经济增长与国际友人的大力支持是分不开的，其中包括BP公司，BP公司在广东投资巨大而且发展不错。

广东原来是以传统产业、传统工业为主体的省份，早期主要有服装、纺织、食品饮料等。近年来，广东重点转向扶持新兴产业，目前已看到成效，其中包括汽车、生物制药等产业，还有不断发展壮大的电子信息产业、特种设备制造业、石化等产业。

广东不断扶持发展如新能源、新材料、生物制药、石化和环境保护等新兴产业，同时培植珠三角城市产业发展，使粤西、粤东、粤北地区产业发展，尤其使沿海地区产业发展加快了步伐。广东的海岸线达4100多千米，是中国国内海岸线最长的省份，因此要围绕海岸线不断加快其新兴产业的布局，其中包括BP的重要石化项目。

思文凯：2003年我就作为省长经济顾问来过广东，一直对广东经济的迅猛发展感到非常高兴。大概10年前，这里一直是世界的生产中心，目前已从最基本的简单加工制造向高新技术、高附加值制造业延伸。然而，发展经济最重要的是，只有基础设施、教育和人才培养相配套，高端企业才会把生产放在广东，而广东在各方面都达到了一个很好的平衡。

BP对在中国包括广东的业务发展十分重视，希望BP公司珠海工厂PTA三期扩建项目能顺利推进。这一项目不仅能提升广东PTA产业的竞争力，完善PTA产业链，而且也非常环保。另外在能源领域，从国外进口能源到广东，建立加油站也具有很好的市场效应。

未来20年，世界能源消耗将增加40%，而中国对能源的需求也将翻倍。所有这些问题不是一个国家或一个公司能解决的，我们必须携手一起进行，保证作出正确和长期的选择，共同致力于广东长期的业务发展。

第二节　省长、顾问在中外记者招待会上的对话

2011广东经济发展国际咨询会闭门会议一结束，广东省省长（时任代省长）朱小丹和洋顾问就齐齐亮相记者招待会，中外记者围绕“加快转型升级——再造广东经济发展新优势”这一主题，向朱小丹以及各位顾问进行了提问。其中，顾问提出的建议、带来的合作项目，以及广东在复杂多变的经济环境中如何保持发展优势、如何推动中小企业发展成为媒体关注的重点。

2011广东经济发展国际咨询会记者招待会

主题：加快转型升级——再造广东经济发展新优势

时间：2011年11月14日17时10分

提问媒体：广东电视台、中国网、新华社、凤凰卫视、中央电视台

【朱小丹通报闭门会议情况】

朱小丹：各位新闻界的朋友，女士们，先生们，大家下午好！

2011广东经济发展国际咨询会闭门会议刚刚结束，我非常高兴与各位顾问一起会见新闻界的朋友们。借此机会，我代表广东省人民政府对前来采访报道本次国际咨询会的各位记者朋友表示欢迎！对你们一直以来对广东经济社会发展给予的热情关注和积极报道表示感谢！

今年的国际咨询会是在后金融危机时期广东经济结构加速调整的背景下召开的，广东方面和顾问机构都高度重视，会前作了精心的准备，确保了会议的成功召开。中共中央政治局委员、广东省委书记汪洋先生在闭门会议前专门会见了全体顾问，11月12日以来我本人分别会晤了前来参会的每一位顾问；有关副省长也分别与顾问就相关领域的合作进行了座谈。今天的闭门会议开得很成功，达到了预期目的，会议主题是“加快转型升级——再造广东经济发展新优势”，在这一主题下又分设了“发展生产服务业与提升服务业水平”、“培育新兴产业与促进制造业高级化”和“推动开放条件下的创新合作”三个议题。共有来自发达国家的跨国公司和著名机构的15位顾问出席会议，广东省政府的7位副省长，省政府秘书长及有关副秘书长，21个地级以上市的市长，省直各有关部门的主要负责人和顾问所在机构的有关负责人参加了会议。参会顾问都提交了高质量的咨询报告并在闭门会议上作了精彩的发言，同时大家也围绕着会议主题和三个分议题展开了热烈讨论。会议时间紧凑，内容丰富，成果显著，主要有三个方面的重要收获：

一是进一步夯实了广东与世界交流合作的高层次平台。历经10多年的发展和积淀，国际咨询会已经成为广东扩大国际视野、推进国际化战略、树立良好国际形象，加强与世界500强企业和国际著名机构交流与合作的一个重要平台，成为广东对外经济交流的一张闪亮名片。今年世界500强企业和国际著名机构对参加国际咨询会十分重视和踊跃，与会的顾问都是世界500强企业和国际著名机构的主要负责人，他们有全球的视野和高瞻远瞩的气魄，把先进国家、地区以及所在企业在工业化、现代化进程中的经验，尤其是把面对后金融危机时期促进经济复苏和结构转型的做法坦率地告诉我们，使我们深受启迪；我们也介绍了广东的投资环境以及加快转型升级的思路和措施。通过彼此之间的深入沟通交流，双方进一步加深了了解，增进了友谊，促进了合作。本次会议进一步夯实了广东与顾问机构、与世界交流合作的高层次平台，我们一方面收获了世界顶尖顾问的宝贵的咨询意见，促进了实质合作；另一方面我们也向各顾问机构、跨国公司，向世界展示了广东的风采，进一步提升了广东的国际知名度；各顾问机构也进一步了解了广东，感受了广东，获得了更多在广东发展的机会，实现了交流合作共赢。

二是进一步拓宽了广东经济发展的思路。近年来，顾问们提出的意见、建议已经结出累累硕果，有的已经融入到广东省的战略规划和宏观政策之中，有的已经付诸实施并对广东省经济发展产生了重要影响。今年，顾问们对参加此次国际咨询会作了精心准备，写出了高水准的咨询报告。报告从国际视野出发，立足广东实际，从不同领域、不同角度、不同层面，对广东如何充分利用后金融危机带来的机遇，实现转型升级和持续发展，提出了许多很有价值的意见和建议，例如，针对发展提升服务业水平，提出了加强互联网数据中心等云计算网络相关基础设施建设、加强供应链管理促进生产服务业发展、采取与保险相结合的福利制度确保留住人才、改进企业年金制度增加员工福利等意见和建议。针对培育新兴产业和促进制造业高级化，提出了开展技术需求分析确立新兴产业技术及产业发展方向，灵活充分地利用外国金融机构促进广东省双向直接投资提升产业发展层次，对传统耗能工业产业进行节能改造和能效升级促进可持续发展，加强广东与不同国家大学之间开展合作共同推进先进制造业发展，进一步放宽对国际物流公司总部的界定范围以吸引更多国际物流公司等意见和建议。针对开放条件下的创新合作，提出了依据“课题解决型创新”思维方式培育能为广东省解决重大课题作出贡献的产业、建立卓越研究中心网络作为企业、高校、科研院所和其他组织机构之间长期创新协作的平台、制定政策及措施帮助企业吸引并留住人才等意见和建议。同时各位顾问还在会上提出很有针对性、富有创见的意见，其中不乏新的理念和思想。这些“金点子”使我们开阔了视野、拓宽了思路、启迪了思维，为广东经济持续发展提供了强大的智力支持。会后，我们将对“金点子”及时进行总结，进一步深入研究和完善，形成决策和措施，确定相关落实部门。

三是进一步促进了广东与顾问机构的务实合作。借助国际咨询会的平台，广东与顾问公司的合作伙伴关系保持良好发展势头，坚定了顾问机构在广东进行投资合作的信心和决心，合作的领域不断深化，并向更高的水平迈进。今年，不少顾问及其所在机构在与广东省领导的会晤中，都表达了希望与广东进一步加强合作的愿望。国际咨询会期间，美国卡内基梅隆大学计划与中山大学签订共建合作设立电子与计算机工程学院协议，电子与计算机工程学院下设国际联合研究院，包括设于广东的研究院和设于匹兹堡市的研究院。这是全国首创的全方位深度合作办学模式，将有助于广东集聚具有国际水平的高层次创新人才团队，并对提高广东省的自主创新能力和产业升级有着重要作用。德国弗劳恩霍夫协会计划与广东省政府签订战略合作框架协议，双方设想围绕广东经济社会发展的重点领域，包括创新体系建设、先进生产制造工艺、先进电子信息技术、环境友好技术、先进材料技术、新能源汽车、智能建筑、健康食品等领域开展合作。瑞士诺华集团计划与中山市政府签订合作框架协议，并举行合作项目启动仪式，计划在中山设立中国销售总部。法国电力公司表达了在能源领域加强与广东合作的愿望，包括参与广东电力项目开发，在工程设计、建设、运营、安全方面开展合作，帮助广东建设核电设备制造链，开展合同能源管理等。日本丸红株式会社希望投资广东有关污水处理项目，参与中新广州知识城的开发建设。日本野村控股株式会社希望为广东企业在资本市场融资、战略并购等提供优质金融服务。BP公司计划推进珠海化工有限公司的三期扩建项目，忠利集团、UPS公司都希望积极发展中国业务等等。这不仅说明了广东和跨国公司、著名机构交流与合作的基础更加稳固，而且也反映了广东正日益成为全球财经界特别是大型跨国企业关注的重点。

本次国际咨询会的成功召开，让我们看到了在当前纷繁复杂的经济环境下，加强交流、加强合作，促进共同发展的重要性，也坚定了我们战胜困难，促进经济持续健康发展的信心和决心。未来一段时期，我们将抓紧组织实施“十二五”规划，全力推进“加快转型升级，建设幸福广东”核心任务，坚定不移调结构，脚踏实地促转变。我们将认真吸纳各位顾问所提的意见、建议，务实推进与顾问机构的合作，全力推进经济结构战略性调整，努力再造广东经济发展新优势，全面提升广东经济发展的内在质量和动力，努力在改革开放和社会主义现代化建设中取得新进展，实现新突破，迈上新台阶！

在这里，再次向付出辛勤劳动、献出真知灼见的顾问们表示最诚挚的谢意，同时再次感谢各位新闻界的朋友对广东经济发展国际咨询会的关注和对广东经济发展的支持！

谢谢大家！

【记者提问】

顾问带来53条建设性意见和多项务实合作

广东电视台记者：想问一下省长，结合本届国际咨询会的主题，洋顾问提出了哪些有针对性的意见和建议，广东与顾问机构的合作取得了哪些进展？在复杂多变的经济形势下，召开本届国际咨询会对于广东继续保持经济发展优势有什么新的意义？谢谢。

朱小丹：我想您提出来的问题是今天到会的朋友们共同关心的问题。你们都知道我们这次国际咨询会的主题是“加快转型升级——再造广东经济发展新优势”，应该说我们的顾问们在他们提供的咨询报告和他们所做的精彩的闭门会议的发言当中，都以开阔的国际视野，从不同的角度对广东如何充分利用后国际金融危机时期带来的机遇，加快实现转型升级和可持续发展提出了很多非常有针对性、建设性的意见和建议。

这些意见和建议主要集中在三个分议题上，第一是针对“发展生产服务业与提升服务业水平”的议题，顾问们提出了加强互联网数据中心等云计算网络相关基础设施建设，加强供应链管理，进一步放宽对国际物流公司总部的范围，吸引更多国际物流公司采取与保险相结合的企业福利制度和改进企业年金制度，来增加员工福利，并确保留住人才等等许多好的意见和建议。

第二是针对“培育新兴产业与促进制造业高级化”的议题，顾问们提出了开展继续需求分析，确立新兴产业技术及产业发展方向，灵活充分地利用外国金融机构促进广东省双向直接投资，以提升产业发展层次，对传统工业产业进行节能改造、升级，以促进可持续发展，加强广东与不同国家大学之间的合作，共同推进先进制造业发展等许多好的意见和建议。

第三是针对“推动开放条件下的创新合作”的议题，顾问们提出了依据课题解决型创新思维方式，培育为广东省解决重大课题，建立卓越研究中心网络作为企业、高校、科研院所和其他组织之间长期创新协作的平台，制定政策及措施帮助企业吸引并留住人才等意见和建议。

同时，每位顾问都向国际咨询会提交了他们自己的咨询报告，所有这15个咨询报告一共就广东转型升级问题提出了53条具有针对性、建设性和前瞻性的意见。会后，我们会全面梳理，将会在今后政府相关规划、相关方案、工作部署和政策措施中积极地加以采纳。

我们将借助这些意见和建议的启发，着力提升自主创新能力，争创广东创新驱动新优势；着力促进现代服务业、先进制造业、战略性新兴产业相互融合，互动发展，增强广东结构升级新优势；着力发展生产型高端服务业，争创广东综合服务新优势；着力推进节能减排、发展清洁生产和循环经济；着力增强广东绿色发展新优势；着力完善人才战略和人才政策，增强广东人才强省新优势；着力完善社会保险制度，争创和谐劳动新优势；着力加强与顾问机构和世界500强的战略合作，增强广东扩大开放新优势。

而在推进广东与顾问机构的务实合作方面，应该说这次会议也取得了非常丰硕的成果。各位顾问及其所在机构在与我们广东省领导的会晤当中，都一致表达了希望与广东进一步加强合作的愿望，并且提出了许多具体的合作意向。

他们提出的初步合作意向包括法国电力公司希望参与广东电力项目开发，帮助广东打造核电产业链；日本丸红株式会社希望投资广东有关污水处理项目，参与中新广州知识城智能电网建设；日本野村控股株式会社表示愿意为广东企业的资本市场融资、战略购并提供优质金融服务；美国UPS公司以进一步扩大UPS公司亚太转运中心的业务吸引更多的高端制造业企业在运转中心周围集聚；日本富士通株式会社表达了在医疗、交通、能源等领域加强与广东信息服务业合作的意愿；日本MS&AD保险集团希望与中资保险公司合作，希望在设立保险风险管理方面等开展合作；意大利忠利集团表示将继续加大在广东的投入力度，建立覆盖广东全省的营销网络；瑞典爱立信公司一直与广东相关合作伙伴及政府有关部门合作，他们考虑不断推进广东通信行业和市场的发展。

我在与15位顾问及他们的顾问机构进行个别交流的时候也向他们一共提出了84条推进下一步合作的建议，都得到了各位顾问非常积极的回应。会议期间，卡内基梅隆大学与中山大学签订了《共建合作设立电子与计算机工程学院的协议》，电子与计算机工程学院下面将设立国际联合研究院。德国弗劳恩霍夫协会与广东省政府正式签订战略合作框架协议，将在创新体系建设、先进生产制造工艺、先进电子信息技术、新能源、节能环保等多个重要领域开展全面合作。瑞士诺华公司与中山市政府签订合作框架协议，决定加大对诺华中山工厂的投资。英国BP公司计划与珠海市政府签订合作框架协议，推进珠海化工有限公司的三型工程扩建项目。会议期间，通用电气公司在广州举行了基于中国绿色挑战广东项目启动仪式，并有意在广东设立创新中心；日立集团也将在广州考虑建立一个新的汽车零部件高端生产基地；美国艾默生电气公司计划2014年在深圳完成新研发基地的建设。

这一切说明广东和所有的顾问机构下一轮的合作前景是非常广阔的。我想，我们和顾问机构的合作将为广东加快转型升级提供更为强大的动力，为再造广东经济发展的新优势打下更加坚实的基础。

讲到本次国际咨询会的意义，我想2011年是国际咨询会经历12年的历程之后的一个新的起点，面对当前复杂的国内外经济形势，这个平台的作用已经进一步凸显出来。这次会议的成果将对广东转型升级产生极为深刻的现实或者长远的影响，既有助于广东形成适应国际经济形势变化、加快转型升级的新思路、新举措、新政策、新办法，也有助于广东通过与顾问机构的更紧密合作，进一步提高对外开放水平，形成以开放促转型的新的局面。

这次国际咨询会的圆满成功，首先要衷心感谢顾问们和顾问机构所作出的突出贡献，他们对中国、对广东的真挚的感情和高度的合作诚意令我们深受感动，希望我省媒体能够对此作出充分的表达。谢谢！

广东物流业面临的挑战和机遇

中国网记者： 你好，我是中国网的记者。我想请问UPS公司总裁丹·布鲁托先生，广东省现在面临的挑战有哪些？这些挑战跟中国其他省份所面临的挑战有什么区别？广东应该怎样应对这些问题？

UPS公司国际总裁丹·布鲁托先生：首先我想肯定的是广东省有一个得天独厚的条件，就是它优秀的地理位置，这样的条件能够使广东成为整个中国的产品供应地和产品发送地，也能够使它成为整个亚太地区和世界的门户。您提到的广东省面临的挑战问题，物流方面的挑战主要有三点：

第一，如果能进一步简化海关程序，就将极大地提高广东省在物流方面的运输效率。

第二，我认为广东应该进一步开放它的空域政策，尽量使得更多航班往来于广东和世界其他地区，不管是夜间的还是日间的航班，如果有更多的航班，我们就能够使得更多高价值的航班使用到广州机场和深圳机场的服务。

第三，我认为广东应该进一步增强和中国香港、中国澳门、台湾地区等这几个主要的贸易合作伙伴之间运输的效率，如果我们能够进一步地简化（程序），使跨境运输更加便利，就能够更有效地提高物流的效率和价值。

最后我想说的是，我认为我们应该把一些基础设施多用途化，比如说我们现在有一栋物流集散大楼，它既可以从事包装，又可以搞运输和物品的发送，这个多用途的设施就会进一步提高高价值和先进制造业的效益，再比如说，现在我们有一些非常高端的医疗设备，如果我们能够在移动设施里面完成它全部的物流步骤，而且使这个设施能更靠近消费者的话，我觉得它就会对广东省打造世界级物流中心有很大的帮助。

我在与朱小丹省长的会谈中也提出了双方共同感兴趣的以上我提到的这些话题，我本人非常有信心，我认为能够通过加强与广东的合作，使广东发展成为世界上最顶尖的物流中心。谢谢！

“稳增长、调结构、促平衡”应对欧债危机的不良影响

新华社记者：我是新华社的记者，我的提问是给朱小丹代省长的。我们知道欧债危机的影响还在加剧，您怎么看欧债危机对广东外贸进出口和广东正在进行的经济转型升级的影响？通过这次国际咨询会，广东又将有怎样一些药方去予以应对？在这样一个复杂的背景下，对广东加快转型升级您有信心吗？谢谢。

朱小丹：我很高兴能回答您的问题，我首先想说的是，目前广东已经出

现比较明显的外贸进出口的下行趋势，恐怕也不单是受欧债危机的影响，因为目前全球经济变动很大，波动很大，全球经济低迷的状况是一个综合的因素，它直接影响到我们这样一个全国最大的进出口贸易的省份。

2011年受全球经济增速放缓的影响，我们广东的对外贸易确实出现了比较明显的下行趋势，1到6月份总体情况还不错，全省进出口贸易总额是4350.9亿美元，同比还增长了26%。但是1到10月，我们的增幅就明显地下滑了，1到10月绝对值是7473.7亿美元，增幅跌到了19.1%，特别是10月，我们当月的进出口总值是730.7亿美元，同比仅仅增长了7.8%，也就是我们维持了相当一段时间的两位数的增长，少有地下降到一位数，环比还下降了8.7%，所以这说明我们的出口贸易现在面临非常大的挑战，这种挑战甚至可以说不亚于2008年。

在这当中，欧债的因素也是一个主要的因素，因为欧盟是广东最大的出口市场之一，欧债危机已经对我省的出口产生非常明显的冲击。从2011年第三季度开始，广东对欧盟的出口就已经明显进入下行的通道。2011年以来，各个月份对欧盟的出口增速全部低于或者说是显著地低于全省出口的总量。2011年1到10月，广东对欧盟的出口金额是603亿美元，增长11.3%，比全省的出口增速低了9.2个百分点。

当然我想如果欧债危机将要持续一段时间的话，作为我们一个主要的出口市场，在今后一段可以预见的时间之内，我们的出口还会承受比较大的压力。

下一步我们针对目前进出口贸易面临的下行压力，主要还是坚持“稳增长、调结构、促平衡”这九字方针，还是要坚持在努力转变外经贸方式的过程当中来追求及保持出口比较平稳的持续发展。这样的话，我们接下来会在以下几个方面抓紧做保持出口稳定增长，同时推进出口结构调整的具体的工作。

第一是要制订抢抓订单的工作计划，因为目前我们遇到的主要问题是大批的外贸出口企业订单不足，或者是缺乏长单、大单，只有一些短期的小单。

第二是我们在努力保持欧美市场份额的同时，可能会更多地把我们的注意力转向新兴市场，包括东盟、南美、非洲、中亚、南亚、中东等市场。省政府已经考虑2012年安排分管副省长专门组团出访主要的新兴市场国家，积极去扩展这些国家的出口市场，扩大对新兴市场国家的出口，努力构建多元结构的出口市场。同时，我们要紧密地结合加工贸易的转型升级，加快提升我们出口企业的竞争力，因为目前我们全省从事加工贸易的企业总数有3.3万家，也就是说加工贸易在我们整个经济结构当中仍然占有比较大的份额，他们的转型升级恐怕关系到整个外经贸结构的调整。当然我们高兴地看到，到2011年9月为止，已经有4071家非法人来料加工企业成功实现了不停产转型，包括相当一部分转为具有法人资格的“三资”企业。我们要通过加工贸易转型升级进一步优化出口的结构，这里主要是提高两个比重，一个是提高一般贸易的比重，再一个是提高我们的高附加值、高技术含量产品出口的比重。同时我们会更加注重品牌带动战略，要努力打造一批能够代表我们广东先进水平的并且有一定国际影响力的、优秀的出口产品品牌。

第三是我们要加大对出口企业的扶持，在退税、收费清理、财税支持、融资担保、优化服务等多个方面采取有利的措施，对有订单、有效益、收费有保证、风险可控的这些出口企业，当然也包括出口中小企业给予重点扶持，扶优扶强。

第四，我们要着力抓好为外贸企业服务的研发设计、检测认证、营销推广、信息服务等多方面公共服务平台的建设，努力为我们的外贸企业扩大出口创造更加及时、高效、便利的服务。

关于您提出的欧债危机会否影响我们广东的转型升级的信心，我想我们的回答是恰恰相反的，正是由于这种挑战，市场的“倒逼机制”会迫使我们的企业更多地考虑他们的转型升级，只要政府因势利导，就能够做到趋利避害，扬长避短，积极地调动企业转型升级的内生动力，同时采取有力的措施，真正能够在关键的环节上支持企业的转型升级，那我们相信在加工贸易转型升级的过程当中我们企业转型升级的步子会进一步地加快。谢谢。

广东核电发展应注重核能质量和安全标准与国际接轨

凤凰卫视记者： 我想请问法国电力公司高级执行副总裁马识路先生，广东除了两家已建成的核电站，还有三家在建的核电站，未来也还会有增建的计划，您如何评价广东的核电发展？您刚才提到未来要参与广东电力项目的开发，具体会提供哪方面的协助？另外，如今民众其实对核电、核能的发展可能存在一定的抵触情绪，您觉得未来广东核发展未来有哪些是要注意的？谢谢。

法国电力公司高级执行副总裁马识路先生：谢谢你的提问。您刚刚提到现在广东已经有两个已建成的核电站，据我所知，广东的大亚湾、岭澳核电站一共有6个正在运行的核电机组，另有台山项目在建。和法国一样，广东省也是自然资源比较匮乏的一个省份，如果广东省不想从其他地方进口资源的话，我认为最有效率的方式就是开发核电。

广东开始核电的开发是在30年前，现在广东已经发展成为中国核电开发和利用最先进的省份。在广东也有中国最大的核电企业之一，就是中广核，我们与中广核之间也长期保持着非常良好的合作关系。

法电公司是目前世界上最大的核电运营商之一，在世界范围内它有58个核电机组正在运行。我们早在20世纪70年代初就开始了大规模的核电开发和运营，经过40多年的发展，现在法电公司已经积累下了许多有益的经验，特别是在核电站的设计和安全方面。我们现在与中广核的台山核电项目也是我们与中国进行的核电合作项目中最大的。我相信法电和中广核这样两个公司的强强联合，将会对整个世界都产生非常积极的影响，当然也会对广东的能源发展和核电利用起到非常积极的作用。

现在在广东的三个地方有非常良好的平台去发展核电产业，所以我们也有理由相信广东省将会成为中国核电产业的核心。

我们下一阶段的发展目标，是通过我们的合作帮助中国公司和中国的核电产业走向世界。我们与广东省开展的这种有益的合作将会加快整个中国的核电产业走向世界的步伐。

要使中国的核电公司、核电产业达到走向世界这个目标，我认为当前最紧要的一个问题就是使中国有关核电的质量和安全的标准能够与世界接轨，我认为广东和中国的核电公司与外国核电公司进行合作，将会使这个接轨的过程能够来得更早一些。

加快转型升级的新举措

中央电视台广东记者站记者： 小丹省长您好，我有两个问题，第一，广东现在正在“加快转型升级，建设幸福广东”，我想请问小丹省长，广东下一步在加快转型升级方面将会出台哪些新的举措？第二个问题，和全国很多地区一样，珠三角很多中小企业也面临融资难的问题，也发现一些地下融资的情况，我想请问广东下一步在控制和防范中小企业融资方面、金融风险方面将会采取怎样的措施？谢谢。

朱小丹： 您提的是一个特别宽的问题，因为转型升级涉及多个领域，我想是不是我在今天的回答当中更多地谈一谈产业的转型升级。

“十二五”时期是广东转型升级的一个关键的时期，省委已经提出了我们的核心任务，就是“加快转型升级，建设幸福广东”，而在整个转型升级当中，经济发展方式的转变、经济结构的调整，经济方面的转型升级恐怕是首要任务。

在这期间，我们将会坚持突出科学发展的主题和转变经济发展方式的主线，抓住机遇，攻坚克难，坚持创新驱动、内生增长，坚持绿色发展、生态文明，坚持开放合作、互利共赢，坚持民生优先、共建共享。这几个坚持是我们推动转型的很重要的指导思想。

接下来我们要做的工作主要是这几个方面，首先是推动产业结构升级，我现在讲的是企业转型升级，是结构调整，还有服务业和制造业之间的关系。现在我们的结构调整恐怕要把主攻方向放在这三个方面，第一是要优先发展现代服务业，第二是要大力促进高端先进制造业的发展，第三是要全力培育和发展战略性新兴产业。既要求这三者有机地融合，也要使三者的发展能够相互地促进。

从目前的情况来看，我们手上已经积累了一批重大的先进制造业，甚至是高端制造业的项目，这些项目都在陆续的推进当中。同时，我们也已经看到这两年广东部署发展的重点领域的战略性新兴产业的增加值，是明显高于规模以上工业增加值的增幅的，也就是说我们的战略性新兴产业的发展现在已经加快了步伐。

现在我们感到比较需要关注的是广东的服务业，因为在整个“十一五”

期间，包括2011年1月到10月，应该说我们的服务业发展都没有能够达到我们预期的目标。从2011年1月到10月的情况来看，服务业的增加值的增幅低于第二产业的增加值，同时我们更看重的一个指标是今年以来服务业的固定资产投资的增幅也仍然低于第二产业的固定资产投资的增幅。这意味着什么呢？就是2011年服务业的比重不会有大的提高，由于投资又是这样一个比例状况，那么要实现进一步提升服务业占总量比重的目标可能在相当长一个时期之内还要付出极大的努力。

所以接下来我们要抓紧研究明年的服务业发展工作，做进一步深入细致的策划。现在服务业的发展，包括金融保险业、现代服务业、科技服务业、信息服务业、高端商务文化创意产业和总部经济增长，对此我们都要分门别类，作出具体的研究和部署，要采取更加有利的措施，促进广东的服务业，尤其是现代服务业、生产性服务业，包括高端服务业的发展。这当中我们还要特别注意发挥我们毗邻港澳地区的优势，加强和港澳的合作，推介内地服务业对港澳开放的先行先试，争取我们能够在粤港澳这个大珠三角地区构建起一个一体化的、综合性的现代服务业的体系，这恐怕是我们产业结构调整方面一个非常重要的主攻方向。因为从广东目前受到的制约来看，再不高度重视和加快发展现代服务业的话，我们目前这样一个产业结构是难以为继的。这是我想讲的一点。

第二，关键是要抓自主创新，这次我们在国际咨询会上最大的收获，就是所有的洋顾问们恐怕谈论最多的问题是希望我们大力地推动自主创新，而且在这些方面提供了很多让我们耳目一新，甚至过去完全没有接触过的先进的创新理念，包括开放型创新，包括课题解决型创新，也包括要优化开放型创新的生态环境等等，这些都给了我们很大的启发。

对于自主创新我们有一个全面的规划，当然现在关键在于抓落实，这里最重要的是要发挥企业自主创新主体的作用，同时要加快构建区域自主创新体系。这个体系包括自主创新的试验体系、自主创新的公共服务平台体系、自主创新的投融资体系，也包括自主创新产学研结合等技术联盟体系等等。在这些方面我们都要具体地对支撑整体区域创新体系的支撑点一个个作规划，加快推进。当然，在自主创新当中，我们尤其重视结合转型升级，结合现代产业体系建设，我们目前正在抓的、正在推进的重大的科技专项都是这样。

第三，要着力推进消费投资出口的协调拉动。因为时间的关系，我不想展开说了。消费主要是要进一步扩大内销市场，另外要积极培育新的消费热点。投资问题主要是结构问题，我们希望在2012年我们更加注重提高基础设施、建设投资和企业改造投资占固定资产投资总额当中的比例。同时关于出口问题，刚才我已经讲得比较多了，接下来我们会在促进国际收支平衡方面，促进进出口相对平衡方面做更多的工作。政府已经出台一系列措施扩大出口，因为目前广东的出口顺差高于全国的出口顺差，如果我们不能够把进出口的协调发展这样一个要求真正体现在我们的外经贸工作中的话，我们就会继续拖国家促进贸易平衡的后腿，所以下一步我们会在进出口当中寻找一个合理的调整目标，逐步地提高进口的增幅，缩小我们的贸易顺差。

第四，我们要着力加快推进绿色低碳发展，这是我们这次国际咨询会与会顾问谈论最多的话题之一。

我们现在已经有了一个“十二五”的节能减排的具体操作性的规划，接下来我们要尽快地拿出一个能源总体规划，也就是说我们的节能减排不仅仅是立足于进一步减少我们的单位GDP能耗，而是立足于全省能耗总量的有效调控，进一步降低总量的增长。

另外在产业方面，应该说我们目前的存量可以继续挖潜的空间已经非常小了，因为广东的单位GDP能耗的水平仅仅次于北京，而北京是一个城市形态的经济实体，我们广东的水平在全国应该说是一个领先的水平，但是目前在“十二五”期间，我们仍然要担负进一步将单位GDP能耗下降18%的艰巨任务，在这样的情况下恐怕我们要将节能减排的工作重点更多地移向一些新的领域。

这当中最重要的是建筑物的节能减排，包括城市的节能减排。也正是坐在我旁边的思文凯先生特别提出的要高度重视提高能效的问题，提高能效在广东的节能减排当中也是相当大的一篇文章，不能说我们现在已经完全破题，我们要在借鉴他们的好的经验的基础上进一步抓好提高能效的工作。接下来我们还要大力推广清洁能源和可再生能源。

第五，我们要进一步打造更加开放的合作新格局，我们这次国际咨询会恐怕在很大程度上也是以此为出发点和落脚点的。在以后扩大开放的过程当中，我们将重点做好一项工作，那就是加快构建规范化的、国际化的营商环境，使我们的经济能够更好地跟国际经济对接。

关于刚才提到的中小企业融资的问题，应该说中小企业现在普遍面临融资难的情况，原因是多方面的。政府在这方面采取了一系列的措施，最近已经出台了50条支持中小企业融资的指导性意见。这些都将作为下一步需要转化为具体政策的主要依据，尽快地完善政策的体系，尽快地形成具体的措施，真正能够落实到中小企业当中去。

在当前企业普遍面临资金链紧张、资金困难、融资困难的情况下，民间融资现在非常地活跃，政府要做的工作主要是引导它和规范它。在市场经济条件下，民间的融资毕竟是一个重要的补充，而政府以后将会集中更多的精力和资源大力地支持小额贷款公司和小额贷款担保公司的建设和发展。

同时我们也会积极地跟各大金融机构沟通，希望能够创造出更多的好的金融服务产品，直接为中小企业的融资提供必要的支持和服务。我可以向记者朋友们保证，到目前为止，虽然我们的企业在融资方面遇到不少的困难，但总体上看，我们的金融风险完全在可控的范围之内。

第三节　顾问媒体访谈

■洋顾问面对面之一

法国电力公司高级执行副总裁马识路：

高效率的垄断大家也能满意

虽然属于与人们颇有距离的电力领域，但核电巨头法国电力本身并不缺乏话题。从大亚湾、岭澳核电站，到在建的台山核电站，法国电力公司既是广东核电产业发展的见证者，也是中国自主核电技术发展的伙伴；作为世界领先的核电供应商，其对核电前景的看法也颇具代表性。

鲜为国内读者了解的是，法国电力是欧洲国有企业的典型代表，其经验对国内有关问题或有启发。

借参加2011广东经济发展国际咨询会之机，南方日报记者独家专访了省长经济顾问法电公司高级执行副总裁马识路，就上述问题进行了探讨。

30年前，马识路曾以工程师的身份来到广东，如今他已是这家核电巨头在亚太地区的当家人。

电力企业国家运行效率最高

南方日报记者：国有企业改革在中国是个热门话题，人们现在也很关心所谓央企的话题。法电是法国典型的国有企业，也经历过改制上市。您对国有企业的发展怎么看？

马识路：在发电、照明等公共服务领域，价格是不能按照市场定价的，而应按照社会定价，为民众服务。应该说，世界上任何地方都不会允许完全放开居民供电价格。所以，国家要求电力企业保留公共服务属性。

但这也不是意味着在公共服务领域，所有企业都要由国家运行。在法国，水务公司虽然属于公共服务领域，但是由私营企业运作。从全世界来看，如果电力企业是国家运行的话，效率是最高的，尤其是核电企业。因为在核电领域，标准化是保证在技术与经济方面成功的关键因素。美国和日本有一些小企业参与核电建设，但是标准不统一，这不是很好的模式。

南方日报记者：这是一个关于垄断的问题。能源行业一定要采取垄断形式吗？

马识路：对于一个行业来说，首要目标是效率。在电力领域，工业效率意味着最大限度地把投资和经验反馈集合到一起，以实现最大发展。

应该说，效率和垄断之间并没有直接关联。在法国国内，法电曾经在40年里保持着人们所谓的垄断地位，可是它的设施以及发电效率是最好的。英国的电力行业也曾经垄断经营，但效率跟法国不是一个水平，并不成功。垄断的好处是集成式地运行一些项目，也能保证项目的标准化。

对于垄断，大家所担心的是效率低下和缺乏竞争。我觉得即便是垄断但是高效率，或者说即使没有垄断也能保持高效率，这都是大家满意的。

南方日报记者：您刚才提到法国和英国电力垄断的例子，为什么同样是垄断，效率却不同？

马识路：我觉得主要是文化差异。法国跟中国比较相似，很多东西都是集中化管理，希望通过一个组织化的架构去提升效率。而英国和日本是岛国，更多地考虑商业发展，在组织问题上考虑得比较少。

福岛事故不会影响核电进程

南方日报记者：福岛核电站事故在全世界造成了很大影响，这是否会影响法电对于核电事业的看法？

马识路：福岛核电站事故确实在世界范围内造成了很大影响，很多国家现在越来越重视核电项目的安全性，但是我不认为这次事故将影响核电的发展进程。

要放弃核电的国家早就有了这种想法，只不过现在确认而已，比如德国、意大利；有的国家不打算新建核电站，美国是代表，它已经拥有很多核电站；也有很多国家已经拥有不少核电站，还打算兴建更多，比如法国、俄罗斯、韩国和中国；而英国、捷克和波兰这些国家，原本就有兴建核电站的打算，现在也确认了这一想法。此外，还有一些国家原本没有核电计划的，现在也确认要发展核电，包括巴西和一些海湾国家。

我觉得，中国发展核电的脚步不会停下来，中国的核电计划将是全世界最大的核电发展计划。广东将占据重要位置。我判断的依据不仅是中国核电的龙头企业之一中广核在广东，而且另一个很重要的原因是广东省政府正在打造一个核电产业平台，吸引更多核电技术企业。中山大学成立了中法核工程学院，将培育出更多核电人才。

南方日报记者：德国、意大利和美国这3个国家的例子常常被用来反对核电，您怎么看？

马识路：我觉得有必要区分清楚，德国和意大利是一回事，而美国又是另一回事，他们停止核电的初衷是不一样的。

德国是因为国内绿党影响很大。2000年，德国就决定退出核电了，甚至以立法的形式宣布要退出。可真正退出核电的时间一拖再拖。意大利在二十五六年前就决定不发展核电了。美国不一样。美国现在有100多座核电站正在运行，其态度不是要停止运行，而是考虑对机组延寿。此外，美国国内发现了大量页岩气，成本比较之下，美国更倾向于用成本更低的页岩气而不是核能来发电。

南方日报记者：从大亚湾到岭澳再到台山，我们发现，中国自主研发的核电技术得到了大幅提高，其中法电的技术输出很重要。法电自身怎么看这种技术转移？

马识路：中国企业能有自己的独立技术，我们不会觉得担心，况且法国的技术也是20世纪70年代在美国技术基础上发展起来的。中广核已成为世界最大的核电建造商之一，而法电拥有优良的运营机制和经验。我们希望结合双方优势，开发一个在世界市场上极具竞争力的新堆型，这面向的将是整个世界市场。

（南方日报记者　张胜波　实习生周雨奇）

■洋顾问面对面之二

德国弗劳恩霍夫协会主席布凌格：

德国公司愿意来粤研发生产

昨日（11月15日）上午，参加本届国际咨询会的洋顾问之一、德国弗劳恩霍夫协会主席汉斯-约克 布凌格，在东方宾馆举行了一场名为“弗劳恩霍夫创新模式”的讲座，座无虚席。

成立于1949年的弗劳恩霍夫应用研究促进协会，是一家公益性、非营利的科研机构，以德国历史上著名的科学家、发明家和企业家约瑟夫·冯·弗劳恩霍夫命名。

如果你以为德国弗劳恩霍夫协会与中国国内普通的“协会”性质差不多，那就大错特错了。事实上，德国弗劳恩霍夫协会是欧洲最大的应用研究机构之一，协会旗下有60家顶级研究所，所拥有的年度科研经费达到18亿欧元，员工超过18000人。

昨日上午，广东省政府与德国弗劳恩霍夫协会签署了《战略合作框架协议》。签约仪式前，代省长朱小丹与布凌格教授举行了工作会谈。而知情人士告诉记者，此次框架协议的签署正是在朱小丹代省长的亲自推动下进行的。一家科研协会为何能拥有如此巨大的影响力？德国弗劳恩霍夫协会的创新模式又能给广东带来什么启发？布凌格教授接受了南方日报记者的专访。

技术能力联合利用是关键

南方日报记者：我们注意到，德国弗劳恩霍夫协会一直致力于将基础研究转换成为成功的市场应用。这一点是中国很多协会所做不到的，您有何经验可与我们分享？

布凌格：我们有60个研究所，分布在40个不同的城市和地区。弗劳恩霍夫研究所与大学及工业客户保持密切联系。通过与这些合作伙伴一起，弗劳恩霍夫完成了其将基础研究成果转换成为成功的产业技术市场应用的创新使命。

我们每个研究所侧重于不同的工作领域，这也是一个特点，有点像大学的院系。我们跟大学的紧密联系，是成功的因素之一。这种合作机制说起来比较简单，就是研究所的所长或副所长都在当地的大学做全职教授，这其实起了一个桥梁作用。因为当面临客户需求时，怎么划分技术不重要，重要的是能不能联合利用技术能力和领域来解决问题。

世界越来越国际化，我们要不断拓展国际业务，不能墨守成规，缩在德国的小角落里，而是要到世界各地研究开发。这也是为什么我们到广东来开展广泛的合作和服务的原因。

作为一家科研组织（RTO），弗劳恩霍夫的成功和持续发展离不开政府无条件提供的稳定的事业费拨款（约占总预算的1/3），它们被应用于“竞争前研究”以及那些应对即将面临的科学挑战所作的预备性研究中。另外2/3的经费预算来源于所谓的合同研究市场，即弗劳恩霍夫参与公共资助项目的申请或直接与企业开展研究合作。

愿合作进行电子装备研发

南方日报记者：你是广东的老朋友，自2003年以来连续五次参加广东经济发展国际咨询会，为广东经济的发展建言献策，德国弗劳恩霍夫协会与广东也有着长期、友好的合作。在您看来，这些年来广东发生了哪些改变？德国弗劳恩霍夫协会的先进技术如何与广东的转型实践相结合？

布凌格：跟几年前相比，广东取得了令人瞩目的成就，它和长三角相比，各有特色，也有非常显著的进步。我看到广东又发展了很多新的领域，尤其是装备制造业有长足的进步。这一领域的发展和进步，在其他国家和地区是不可能取得的。

参加了这么多次国际咨询会，我发现不论是以前的省长还是现在的代省长，他们的注意力都在节约型、集约型的新的经济发展模式上。通过和他们的交流，我们双方都感到应把注意力放在一些新的领域上，用全新的视角来发展。我们希望在广东建立一些电子装备相关行业的研发基地，以及一些合作研发的机构。德国在生命科学领域是世界领先的，我发现一些中国的同行也拿出了非常好的项目。

德方可提供金融方面支持

南方日报记者：谈到转型升级，2011年是广东“十二五”规划的开局之年，广东作为制造业大省，加快制造业的转型升级刻不容缓。您对此有何建议？

布凌格：我们在这次会议上也听到省长提到了这个问题，德方具备这样的能力，能够拿出一揽子项目，来和广东进行合作，而且德国的公司也愿意在广东，甚至以广东作为基地来进行研发生产。

当然我们要推进这些方面的合作，双方要在取得共识的基础上，而且是比较高端的基础上展开，有步骤地推进。同时德方也会向广东提供一些金融方面的支持和帮助，比如来自银行业的支持。

南方日报记者：但对于广东很多制造业中小企业来说，他们面临很大的生存压力，这种情况下如何创新？德国企业有什么经验可借鉴？

布凌格：其实德国中小企业一般不搞太多的研发，只有大型企业才做研发。我认为中德双方都要花相当的精力来支持中小型企业的发展，只有了解清楚了中小企业的发展障碍和瓶颈，我们的企业发展才有后劲。

德国的研发是把钱和知识结合在一起的，不光是钱，而是把钱有机地和知识结合起来，只有这样才能成为创新的动力。而且在德国有各种基金来协助有困难但有前景的企业，让他们更好地发展。

对于中小企业来说，首先，他们的核心是在本行业内把自己的事情做得优秀，同时也要了解创新，了解本行业中小企业内部的创新和创造。一个企业生存的核心不光是以某一个地域为基础，或以某个城市为基础的，它应该有世界的眼光，只有这样才有不断发展的机会。

（南方日报记者　吴哲）

■洋顾问面对面之三

卡内基梅隆大学校长杰瑞德·柯亨：

教育与合作是成功转型的关键

卡内基梅隆大学是全球著名的美国私立大学，坐落在美国宾夕法尼亚州的匹兹堡市，该校的工程学院以其研究与教育成就著称。

早在1919年，该大学将第一个博士学位颁发给了一个中国人，那就是20世纪卓越的工程学家茅以升。杰瑞德·柯亨说，这是卡内基与中国的缘分。

而此番，校长杰瑞德·柯亨作为新顾问来到广东，不仅带来了大学在助力区域经济转型的新思维，而且更实实在在地推进了广东与美国高校的创新合作。

“广东智造”关键在人

南方日报记者：我们知道，您是第一次作为省长经济顾问来到广州，能分享下此番到访的心情吗？

柯亨：首先广东人的热情给我留下了非常深刻的印象。接到这个任务后我着重思考的是如何认真研究广东问题，给广东提出合适的建议。你们的政府谈到广东转型升级一个非常重要的切入点就是广东制造向广东“智造”的转变。这个关键点最终落实到“人”的问题。

作为大学校长，我太清楚“人才”要素对一个区域发展的重要性了。所以这次来还有一个兴奋点——同中山大学的合作，我们与中山大学共同签署了建设中山大学—卡内基梅隆大学联合工程学院及其下设的电子与计算机工程学院的合作协议。未来将在电子信息通信领域为广东本土培养更多人才，为“智造”广东作贡献。中山大学的教育在广东首屈一指，而且又具国际视野，我们是共谋合作的关系，相信这是一个好的开始。

为创新人才培育“土壤”

南方日报：卡内基梅隆大学自创立以来一直是培养创新的摇篮。为市场提供创新思想，并在成功创建新兴企业方面领先全球。对于创新的问题，您对广东有什么经验之谈？

柯亨：谈到创新，来到中国后不断有人问我，中国学生是不是缺乏创新能力。我可以很肯定地说，并不是这样。卡内基梅隆大学从不缺乏优秀的中国学生，他们在材料科学、计算机科学领域彰显着杰出才能，目前我们各院系总共有1000多名中国留学生。况且你要知道，早在1919年，该大学的第一个博士学位就颁发给了一个中国人，他就是20世纪卓越的工程学家茅以升。我们非常骄傲能有这样一位优秀的华人毕业生。为了纪念茅以升作出的突出贡献，学校内现在还矗立着他的雕像。

对于创新人才要有适合培育他们的“土壤”，政府也好，学校也好，要提供适合他们“生长”的环境，不要太束缚他们的手脚，还有政府需要思考的是如何把吸引人才的软环境建设好。

我们培养创新人才的方式是注意教学不只在课堂，还要与生活实际联系。

我们期望大学的教师，特别是技术领域的教师，尽可能地将我们的研究成果转化为商业与生产力。为此，我们可以提供包括安全专利、销售渠道和金融投资等多种配合性便利条件，我们的教师每年平均创建10家高科技公司，涵盖的领域包括计算机科学、机器人科学、化学和能源技术等。人才带给我们的技术产业化进程已经成为大学学习的模式。卡内基梅隆大学目前的科研经费投入与公司产出比居全美第二。

学习匹兹堡“再造”经验

南方日报记者：您谈到卡内基梅隆大学对匹兹堡市的“再造”起到非常关键的作用，并且广东和匹兹堡当年有相似之处，那么广东的转型升级，我们可以借鉴什么经验？

柯亨：匹兹堡曾经是闻名世界的钢铁之都，但是到了20世纪80年代，那里的大部分钢铁厂都关门了，大量工人失业，地区经济严重下滑。

如果说卡内基梅隆大学在帮助匹兹堡市转型过程中有什么成功的秘诀，我总结下来就是：教育和合作是我们成功的关键。

我们的科研人员还致力于城市的“再造”工程，如重新设计与规划早前的钢铁产业用地，对“棕色地带”进行评估与再利用。

从成功的经历来看，我认为企业合作是关键的，我叫它组织能力。从区域和地方政府的角度，能够按照集群化的方式来打造工业产业，得到人才的支持是匹兹堡成功的秘诀。在机器人技术嵌入软件开发和生命科学方面，政府专门有委员会负责高校与政府的合作，这是这些领域取得领先的关键原因。

合作对中国及世界都非常重要。而广东的战略地位在中国又尤其重要，所以合作必然是广东发展的要点。1990年至1992年匹兹堡曾遭到重创并一度垮掉，广东可不一样，广东勇敢地应对危机带来的挑战，对经济基础的判断及时作出技术创新和转型调整，值得我们鼓励和称道。

“跨学科合作”发展文化

南方日报记者：据了解，卡内基梅隆大学的戏剧专业在全美一直名列前茅，并为美国文化影视领域输送了不少优秀人才。近年来，广东也在不遗余力地发展文化产业，您觉得根据广东的本土特点，在发展文化产业这一块，广东该走出怎样一条特色路线？

柯亨：我们大学的戏剧专业确实是全美最好的。除了本身有专业过硬的师资条件、文化传承外，我们这个专业绝对领先的独特之处，就在于“跨学科合作”。像读戏剧的学生在卡内基梅隆大学可能也要去修读计算机专业，这样我们培养出的戏剧人才可能同时又是视频创意制作的人才。当然，这样跨学科的研究每天都在大学里发生。譬如让计算机和心理学家一起开发软件，让机器人专家和水质量检测专家合作研究水污染感应装置。

我对广东文化产业的概况了解有限，但我总体感觉广东可以在高校里通过交叉学科培养的方式打造跨领域复合型的文化产业人才。

（南方日报记者　谢梦）

■洋顾问面对面之四

忠利集团执行总裁巴比诺特：

发行挂钩通货膨胀的债券

“广东金融业在过去5年的蜕变使我非常震惊和欣喜，但当前广东福利体系仍面临诸多挑战，尤其是养老发展基金滞后于经济发展水平，年金市场尚处于初级阶段。”三度参加“国际咨询会”的忠利集团执行总裁巴比诺特建议，实行以幸福为目标的福利政策。

扩大私企职员社保覆盖

南方日报记者：作为广东的老朋友，您这一次在咨询报告中向省长提了什么好点子？

巴比诺特：我们留意到广东最近出台了幸福广东评价指标体系，广东的经济政策目标在国内率先改变了以GDP为核心目标的发展方式，但这也带来了众多挑战，比如，怎么制定幸福的主客观标准，政府如何应对管理的多重任务。

我在咨询报告中建议广东实行以幸福为目标的福利政策，政府定期组织民意测验并向幸福水平高的地区分配更多的资金；扩大家庭及私营企业职员的社会保险覆盖范围，尤其关注非正式职工。在完善养老金政策方面，建议解决养老金计划的税收问题，完善中小企业年金制度，引入生命周期基金作为年金项目的默认选项，发行挂钩通货膨胀的债券等。

南方日报记者：您建议广东实行以幸福为目标的福利政策与广东省委、省政府提出的“幸福广东”愿景有什么联系？

巴比诺特：如果仅仅提倡官员们重视幸福指数，却不改革政绩评价体制，那就只能将幸福指数变成一种新的形式主义。唯有改革政绩评价体制，让公众参与到对地方政府的政绩评价中来，才能真正地推动幸福广东建设。

以养老年金应对老龄化

南方日报记者：当前中国也开始出现未富先老问题，您有什么好建议？

巴比诺特：人寿保险的作用很大，不仅能支撑老龄化人口，而且同时能起到“肺”的调节作用，帮助国家建设所需的长期投资计划融资。

南方日报记者：您如何看待广东发展养老基金面临的挑战和应对策略？

巴比诺特：相对其他省份而言，广东的社会保险有更好的发展前途，但仍需解决投资回报低的事实；企业年金则存在中小企业参与度不够，投资范围较窄的问题；第三支柱即个人养老金目前管理还较为松散，主要途径是购买商业人寿保险。

因此，要给予私营经济体养老金计划更多的税收鼓励，鼓励金融机构提供开放性的集体养老金基金产品，逐步放宽养老金的投资限制，引入“生命周期基金”运作模式，发行通胀挂钩债券以帮助养老金基金冲抵长期通胀风险等。

（南方日报记者　高国辉）

■洋顾问面对面之五

野村控股株式会社会长（董事长）古贺 信行：

引进海外研发　收购海外企业

在2008年的国际金融危机中，野村控股成功“抄底华尔街”，为上届国际咨询会带来应对国际金融危机的建议。如今，欧债危机阴影未消，世界经济复苏依然脆弱，野村控股株式会社会长古贺 信行第二次亮相国际咨询会，带来了广东产业转型升级的“双向直接投资”点子。

南方日报记者：广东需要引进哪些企业？海外的哪些行业又适合广东企业走出去呢？

古贺 信行：广东现在要引进的不是简单的生产制造企业，需要引进的是更多的企业研发中心，从而帮助广东产业进行提升。从走出去层面来讲，海外机会非常多，但广东企业进入海外需要更多结合自身的资源、市场等各方面优势去考虑。

南方日报记者：对广东企业走出去进行并购，您有什么建议？

古贺 信行：海外法律与中国并不一样，企业走出去需要找到一个较为熟悉海外情况的合作企业。广东在金融资金总量上积累很多，但没有好好运用起来。应加强这部分资金的运用，企业走出去会更有竞争力。

南方日报记者：您对广东金融生态和大环境有什么看法？

古贺 信行：我认为广东建设金融中心不要采取与以往一样的传统思维，要有所创新，打造自己的特色。广东省企业数量庞大，尤其中小企业很多，金融业不一定要往金融市场、中心方向去发展，可以先从中小企业的需求入手，把打造中小企业融资平台，解决资金供给作为第一步。

南方日报记者：您认为目前是否到了投资中国的好时机？

古贺 信行：投资中国的话，从目前开始，一直会是一个很好的时机，野村证券会一直留意相关的投资合作机会，我们希望越早越好，越快越好。我们这次提出的“双向直接投资”提升广东省产业结构，就是旨在引进国外优秀企业的同时，鼓励国内企业走出去进行海外收购。

南方日报记者：中国一直在进行房地产调控，您认为目前中国的楼市风险有多大？

古贺 信行：目前中国经济处在一个上升期，中国房地产仍然存在着巨大的需求，这跟40年前日本房地产泡沫破裂时的情况并不一样，中国的房地产泡沫并没有那么大。当时东京的房价也很高，从其他地方来东京工作的人也买不起房子，后来政府慢慢发展东京周边区域的住宅以解决这一问题，通过一段时间逐渐缓解了这种（购房）压力。

南方日报记者：您认为中国股市目前情况怎样？

古贺 信行：从整体来看，目前中国股市还有很大的机会，总体依然乐观。从整个时间轴上来看，增长机会会出现在高成长性的企业身上。

（南方日报记者　黄倩蔚）

■洋顾问面对面之六

美国艾默生电气公司总裁兼首席运营官孟瑟：

鼓励企业省内设全球研发中心

“创新”是艾默生电气公司总裁兼首席运营官孟瑟口中不断谈起的关键词，“我们建议广东省政府鼓励企业在省内设立区域及全球研发中心，充分利用研发能力进行国际化扩张”。

南方日报记者：您如何定位以广东为首的华南市场未来在艾默生发展版图中的地位？如何评价广东的研发基础和氛围？

孟瑟：广东是艾默生在中国市场及运营基地的重点区域之一。艾默生网络能源在广东的运作是一个很好的案例。该公司在深圳设立了一个大型的研发中心，为本土设备制造商及运营商开发新技术及本土化提供解决方案，扮演着支持中国及亚太市场的产品与解决方案开发的区域性角色。

我们认为广东拥有一些良好、到位的产业生态系统，这会成为广东巨大的竞争优势，同时能使广东逐渐成为一个发达的全球研发中心。

南方日报记者：广东应如何利用好“技术创新”的手段去推动省内产业

的转型升级？

孟瑟：我们建议广东鼓励企业在省内设立区域及全球研发中心。广东拥有许多成熟到位的产业生态系统，能为企业提供一个良好的基础与开放的环境，使企业进行创新并向高价值环节跃升。

南方日报记者：您认为广大的中小企业应该如何抓住转型升级的机遇，做好自身进化？

孟瑟：创新技术的研发是一项资本密集型活动。政府的税额减免和补助，在公司的研发努力和降低风险中起到关键作用。对于许多私营公司而言，产生于业务运营的现金流并不能满足产品开发要求，产品周期相对较短的技术和电信产业更是如此。

完善的金融服务和充足的资金对于支持企业，尤其是中小企业的产品开发非常必要。我们建议广东省允许更多的区域性和本地规模小的银行提供金融服务。

南方日报记者：在整个创新环境的提升上，广东又应该着力在哪些方面？

孟瑟：知识产权保护是关键要素之一，我们建议广东采取严格措施，保护企业免遭知识产权侵害，鼓励企业进行智力创造投资。

此外，进一步建设世界级的大学教育也十分关键，这不仅将解决人才短缺的问题，而且更可极大地提升广东形象，使广东成为国际研发预算的首选地点。

（南方日报记者　钟啸）

■洋顾问面对面之七

通用电气公司副董事长庄睿思：

政研企合作挖“绿金”

通用电气公司（以下简称GE）副董事长庄睿思在接受南方日报采访时，始终将话题锁定在“绿色发展”这个主题上，在他看来，能源高效利用以及环境保护不仅是当前“世界上最棘手的挑战”之一，而且同时也是广东转型升级的重要切入口。

南方日报记者：广东在推动转型升级过程中，应该注意些什么？

庄睿思：当前中国提升能源利用水平的挑战与机遇，就是一个实现转型升级的很好突破点。根据“十二五”规划，中国计划在2015年前实现天然气在一次能源消费中的比重从目前的4%提高到8%。政府也计划加大开发煤层气、生物质气以及各种工业废气的能源转化应用潜力，这将是一个庞大的市场。

广东的转型升级，也将给GE带来许多发展机会。GE很希望参与到广东及华南地区能源行业的转型升级中，以帮助整个社会获得更环保、更高效的能源解决方案。事实上，GE可以凭借自身的优势帮助广东在清洁能源、技术研发、金融服务等领域实现转型。

南方日报记者：GE与广东的合作非常广泛，不知道将来GE在广东的业务拓展将走向哪些方向？

庄睿思：作为上届国际咨询会的合作成果，GE在广州设立了华南地区总部以及元器件采购中心。仅2010年一年，GE在广东地区的采购额逾9亿美元。

我觉得广东拥有非常好的创新及创业精神，GE希望与广东开展更广泛的创新合作，将自身的发展与广东产业升级、可持续发展的长远目标相结合，共同成长。

最近GE与7家私募股权投资伙伴共同投入1亿美金，面向全社会推出了一项开放式清洁能源创新竞赛“绿色挑战”计划，希望通过这一项目推动广东刚刚起步的能源创新。

南方日报记者：GE与广东在科技创新能力的合作项目意义如何？

庄睿思：举个例子来说，GE的研发部门与中国科学院广州能源研究所签订了合作谅解备忘录，共同探讨新能源领域的前沿技术，目前双方已经开展了在生物质能气化发电技术以及二氧化碳收集技术方面的前期工作，这就是在为明天创新的绿色科技。

我认为，企业应与政府和各类非政府机构形成紧密的合作关系，实现更好的开放式创新和升级。“绿色挑战”就是一个很好的例子。这种分享创意，加强包括政府、研究机构、跨国公司、中小企业甚至个人的各方伙伴间合作的方法，将进一步加速行业升级，成为广东向创新型经济转型的重要推动力。

（南方日报记者　钟啸）

■洋顾问面对面之八

日立集团会长（董事长）川村 隆：

开展全球范围的创新合作

虽然日立集团会长（董事长）川村 隆是本届新任的省长经济顾问，但日立集团自2007年起就应邀担任广东省省长顾问机构。

南方日报记者：日立如何看待中国市场，特别是以广东为首的华南市场？

川村 隆：去年日立在海外市场的销售额占整体销售额的43%，中国已成为日立最大的海外市场。其中，广东省已经是日立在中国最为重要的市场之一。

与此同时，中国“十二五”规划明确了改善产业结构、发展新兴产业、实现科技的进步与创新等要点，广东省作为中国改革开放的先进地区，又是中国经济规模最大的省份，实践成果也必能对其他省市地区的改革起到参考甚至带动的作用。

南方日报记者：日立与广东的合作下一步有什么新的拓展？

川村 隆：我们关注到广东转型升级的一个重大项目——广州知识城，日立将在知识城设立研发中心，集中开发智慧城的解决方案。这是在我们以往的合作基础上，进一步向产业链高端的延伸。

南方日报记者：这次，日立集团又提出“课题解决型创新”，能否具体介绍一下？

川村 隆：广东转型升级，关键在科技创新，日本在经济转型中，为实现创新而采取了强化产学官知识开放网络，优化产学官共同创新环境，开展全球范围的创新合作，强化世界级高端人才培养等多种措施，这些经验对广东同样适用。我们提出了两个方面的建议：一是建议广东按照“课题解决型创新”的思维方式，以解决发展难题和突破关键环节为目标，重点培育战略性产业，推动产业结构转型升级；二是建议广东以促进科技创新为目标，以推动国内外企业、大学、研究机构各方合作共赢为重点，积极构建开放创新模式。

（南方日报记者　黄颖川）

第四章

务实合作

【提要】

广东经济发展国际咨询会自1999年举办以来，各位顾问以积极务实的态度、专业卓越的才识和真诚合作的精神，不断为广东经济发展出谋划策，其中很多意见建议已在我省有关规划、政策和项目中得到积极采纳，同时我省与顾问所在机构的合作关系也日益紧密。

可以说，广东经济发展国际咨询会不但是我省以世界眼光谋求经济发展的高端平台，也是顾问所在机构与广东加强合作、互利共赢的重要载体。通过国际咨询会，广东未来的发展思路更加具体明确、发展举措更加丰富完善，广东与顾问机构的合作也将再上新台阶。

第一节　“金点子”落地助粤转型升级

在2009广东经济发展国际咨询会上，省长经济顾问围绕“国际金融危机与广东持续发展”这一会议主题，共提交了24篇顾问咨询报告，并在会议各个场合提出近200项建议。会后，国际咨询会筹备办会同有关单位，在对顾问咨询报告和相关建议进行认真梳理、研究和评估的基础上，提出采纳七项顾问建议。本次国际咨询会上，代省长朱小丹通报了顾问建议工作的落实情况，短短两年时间，七项顾问“金点子”已在南粤落地。

点子一：推动香港金融服务业落户广东

建议广东争取香港金融服务业在省内建立银行呼叫中心，或者数据输入及数据库管理，并引导落户于广东金融高新技术服务区，是由意大利忠利集团首席执行官巴比诺特先生提出的，佛山市人民政府负责牵头实施建议采纳工作。

广东金融高新技术服务区近年来通过广东经济发展国际咨询会、粤港金融合作研讨会、粤港金融合作恳谈会以及CEPA系列交流活动等平台，先后引进了新鸿基国际金融中心、汇丰环球运营中心、富士通华南区数据中心等多个大型项目，成功为香港金融机构提供了包括数据处理、客服呼叫、研发培训等一系列后台运营支撑；在前台机构方面，先后引入汇丰银行、恒生银行和东亚银行三家港资银行在广东金融高新区设立佛山支行，成为在CEPA框架支持下设立的广东省首批同城异地支行。另外，新宇软件、浪潮世科等港资服务外包企业已顺利投运。

下一阶段，广东金融高新技术服务区将进一步加强与香港金融服务业的联系与沟通，加大对合作项目与重点客户的引进力度，同时加强人才的培养和保障力度，积极发展高端金融后援产业，促进粤港两地金融、科技、产业相融合。

点子二：采用合同能源管理模式降低能耗

建议鼓励企业采用合同能源管理模式开展降低建筑物能耗的工作，是由西门子股份公司管理委员会成员、西门子能源业务领域首席执行官戴恩先生提出的，省经济和信息化委负责牵头实施建议采纳工作。

按照国家和省的有关要求，省经济和信息化委制定了我省《关于加快推进合同能源管理促进节能服务业发展实施意见》，出台了《广东省合同能源管理项目财政奖励资金管理实施细则》，研究制定了《广东省节能技术服务单位管理暂行办法》。先后开展了我省节能技术服务队伍的培育工作；推荐了五批次共152家节能服务公司进入国家发改委和工信部备案名单；开展“能效电厂”试点项目，对用电设备进行节电改造，鼓励用户采用节能新设备、新技术，降低用电负荷，提高能源使用效率，从而达到与新建电厂和扩建电力系统异曲同工的效果，极大地促进了节能项目产业化和合同能源管理规范化。

下一阶段，省经济和信息化信委将鼓励和支持更多的项目利用能源管理方式开展节能改造，加强节能技术服务队伍建设，鼓励技能服务单位做大做强。

点子三：建立广东设计推广中心

建议建立设计推广中心，为广东打造国际设计交流平台，是由美国欧特克公司总裁兼首席执行官卡尔·巴斯先生提出的，省经济和信息化委负责牵头实施建议采纳工作。

为落实省长经济顾问卡尔·巴斯先生提出的建议，省经济和信息化委研究制订了加快推进建立我省设计推广中心——广东工业设计城的初步工作方案，制定《关于促进我省工业设计发展的意见》，积极推动广东工业设计城成为广东设计重要推进基地和中心。目前，进驻广东工业设计城的国内外知名设计机构有60多家，专业设计师超过600人。省经济和信息化委先后组织举办了“省长杯”工业设计大赛、工业设计活动周等活动。

下一阶段，省经济和信息化委将利用各方优势和资源，促进更多相关机构的建立和发展。

点子四：建立广东服务外包行业组织

建议打造一个有影响力、真正代表广东服务外包行业的行业组织，开展品牌国际建设和推广服务，是由法国凯捷集团副首席执行官、集团首席财务官、全球执行委员会成员尼可拉斯·杜甫先生提出的，省外经贸厅负责牵头实施建议采纳工作。

为落实省长经济顾问尼可拉斯·杜甫先生提出的建议，省外经贸厅正着手筹备成立广东省服务外包产业促进会，并已正式取得省民政管理部门的批准，召开了发起人座谈会。目前，促进会会长人选正待省委组织部批准，获得批准后即可召开成立大会。广东省服务外包产业促进会成立之后，省外经贸厅将充分发挥其桥梁作用，大力推进我省服务外包产业发展，并将其打造成为一个具备广泛影响力的行业组织。

点子五：推动可持续的水资源利用和管理

建议采用独立式污水处理系统，实现可持续的水资源利用和管理（DEUS分布式水资源利用一体化系统），这是由德国弗劳恩霍夫协会主席汉斯-约克 布凌格教授提出的，省科技厅牵头负责实施建议采纳工作。

为落实省长经济顾问布凌格教授提出的建议，按照2009年国际咨询会举办期间与德国弗劳恩霍夫协会就项目合作开发所签署的协议内容，省科技厅组织中国电器科学研究院在前期顺利完成了文献调查和研究、项目实地考察、选择示范点、院内立项评审、与德方就合作模式进行谈判等工作。在这个过程中重点完成了以下四项工作：一是深入研究消化德方核心技术；二是开展关键技术的本地化研究；三是完成水质水量测试方案制订并开展测试；四是结合实际应用需求检验和改进技术。

下一阶段，中国电器科学研究院将根据双方共同制订的六个阶段框架计划，重点开展包括数据采集分析、示范点系统设计、产业化推广等工作。

点子六：成立广东省标杆分析中心

建议成立广东省标杆分析中心，是由德国弗劳恩霍夫协会主席汉斯-约克 布凌格教授提出的，省科技厅牵头负责实施建议采纳工作。

为落实省长经济顾问布凌格教授提出的建议，按照2009年国际咨询会举办期间与德国弗劳恩霍夫协会就项目合作开发所签署的合作备忘录和第一阶段合作合同内容，省技术经济研究发展中心一是顺利完成第一阶段合同内容，由德国弗劳恩霍夫协会先后派专家对该中心15名学员开展了课程培训，为该中心颁发了德国弗劳恩霍夫协会授权的标杆法从业证书，并共同完成了《针对广东省的标杆管理方法论》和《标杆管理项目案例分析》两项研究成果的中英文版翻译出版工作；二是加快推进广东省标杆分析中心建设，应用、推广数据库建设及相关管理和业务工作，目前已完成广东省标杆分析中心建设方案，明确了中心内部机构设置、人员配备、预算费用等内容。下阶段，该中心将进一步组建广东省首批标杆分析师团队，并将标杆分析法率先应用在中小企业、照明产业发展、高新园区规划建设和现代服务业发展等多个领域。

点子七：设立中山大学核工程学院

建议全面开展适应核电行业发展的教育和培训，广泛传播安全文化，支持在中山大学设立核工程学院，这是由法国电力公司董事长兼首席执行官嘉德奈先生提出的，由中山大学牵头负责实施建议采纳工作。

中山大学于2009年12月与以法国格勒诺布尔国立理工学院牵头的法国民用核能工程师教学联盟（由五所法国院校组成）签署正式协议，建设中法核工程与技术学院，经教育部正式批复同意，2010—2011年学院招收了两批共207名新生。目前学院整体运作顺利。2011年7月中山大学许宁生校长率团出访法国并与法国原子能委员会（CEA）等机构达成初步意向，定于2012年年初举行相关学术研讨会。2011年9月14日下午，法国国务部长兼外交和欧洲事务部部长阿兰·朱佩来访，并参与了在中山大学珠海校区举行的中法核工程与技术学院揭牌暨开学典礼。下阶段，中山大学将加快建设核能领域的联合研发中心——中法核科学与技术研发中心；建设与完善适合学院后续发展的教学、科研的条件与设施；建立高层次人才培养体制，加强教学管理，保障人才培养质量；加大优秀人才，特别是海外优秀人才的引进力度，尽快建立一支高水平的国际化师资队伍。

第二节　项目签约扩展合作空间

广东经济发展国际咨询会自1999年至今，已成为广东对外经济交流的一张闪亮名片。在各位顾问和各方的共同努力下，国际咨询会取得了丰硕的成果。这其中不仅包括世界前沿的先进理念和创新思维，而且还包括双方通过努力签订的多种项目合约。所有这些促进了广东与顾问机构的务实合作，开创了广东与顾问机构互利双赢的合作新格局。在2011广东经济发展国际咨询会期间，又有多家顾问机构争相与广东签订了新的合约。

项目一 珠海市人民政府与BP公司签署合作框架协议

2011年11月13日，珠海市和BP公司在广州签署了合作框架协议。为满足中国市场日益增长的对PTA产品的需求，尤其是广东省的需求，BP公司拟投资6亿美元新建年产能为125万吨的三期扩建工程。该项目已被列入我省石油和化工产业“十二五”专项规划大重点项目之一，项目建成后珠海BP的产能将达295万吨/年，产值超过230亿元，利润和税收将分别超过20亿元。珠海将成为全球最大的PTA生产基地之一。

BP公司已在珠海市投资建设珠海碧辟化工有限公司（以下简称珠海BP），它是珠海市重点企业，是国内第一家单一生产和销售PTA（精对苯二甲酸）的中外合资企业，已分别于2003年年初和2007年年底在珠海高栏港经济区内建成投产一期和二期PTA工厂，共计投资7. 6亿美元。该项目二期工程在2012年年初完成扩能改造后总产量预计可达到170万吨/年。目前BP公司珠海PTA项目也是BP公司在华投资项目中赢利能力最强的项目之一。

项目二 通用电气公司“GE中国绿色挑战广东省项目启动”

2011年11月13日，通用电气（GE）公司正式在广东省推广其开放式清洁能源创新竞赛——“绿色挑战”。面向本地企业、科研机构及个人，征集并资助突破性的清洁能源创意，激发本地区能源产业的创新潜力，助力广东实现“十二五”规划能源结构调整和节能降耗的目标。据该公司发布的信息显示，2011年9月月底，GE和数家国内外知名风险投资公司共同投入1亿美金，将“绿色挑战”活动引入中国。

参与该活动的获胜者将获得现金奖励，在GE研发机构工作的机会乃至来自GE与合作伙伴的股权投资。活动第一阶段以征集燃气能源（还包括生物质气、煤层气、工业生产流程中产生的具备循环利用价值的工业废气等各种燃气）技术创新为主题，并将持续到2012年4月结束。2012年4月之后，GE及其投资伙伴将酌情考虑是否将活动主题延伸至其他清洁能源技术领域。

项目三　中山大学和卡内基梅隆大学签订共建工程学院及其下设的电子与计算机工程学院协议

2011年11月14日，中山大学与美国著名学府卡内基梅隆大学正式签署建设中山大学—卡内基梅隆联合工程学院及其下设的电子与计算机工程学院的合作协议。广州市人民政府也与中山大学和卡内基梅隆大学签署了在广州市共建中山大学—卡内基梅隆大学联合工程学院及其下设的电子与计算机工程学院的合作框架协议；佛山市顺德区人民政府还与中山大学和卡内基梅隆大学签署了广东顺德中山大学—卡内基梅隆大学国际联合研究院的合作协议。

项目四　中山市政府与瑞士诺华公司签订谅解备忘录瑞士诺华公司增加对中山工厂投资

2011年11月15日，中山市人民政府与瑞士诺华公司就该公司在中山投资项目签订谅解备忘录，计划于“十二五”规划期间把诺华公司山德士（中国）制药有限公司在中山的工厂打造成为国内最大的仿制药品生产基地，年销售额将达100亿元，为此将增资2500万美元加大市场开发，有效利用和扩大山德士在中山工厂的生产能力和利用率，以期将其建设成为国内最具规模和竞争力的仿制药生产基地之一，并根据瑞士诺华公司的总体战略及部署，逐步推进以山德士（中国）制药有限公司为平台的诺华中国集散中心项目和研究中心项目。

项目五　广东省人民政府与德国弗劳恩霍夫协会签署战略合作框架协议

2011年11月15日，广东省人民政府与德国弗劳恩霍夫协会在广州签署了《广东省人民政府与德国弗劳恩霍夫协会战略合作框架协议》。这是国内第一个由政府与德国弗劳恩霍夫协会签署的框架协议。《战略合作框架协议》的签署将进一步深化双方在新兴产业领域的全面合作，积极推动“创新广东”建设。根据该框架协议，省科技厅负责统筹我省科研机构、高校及高新技术企业与德国弗劳恩霍夫协会开展全面合作，将与其成立联合工作小组，制订具体实施方案。双方将在智能（节能）建筑、工业自动化、环境保护、健康食品等优先领域推进务实合作。

第五章

媒体反响

每届广东经济发展国际咨询会都是媒体的“盛宴”，受到了众多国内外媒体的广泛关注。媒体的宣传报道，提高了广东的知名度，也有效地宣传了顾问所在的机构，实现了广东和顾问所在机构的双赢。2011广东经济发展国际咨询会与之前的每一届一样，吸引了众多关注的目光，据统计，本次国际咨询会共有中外媒体300名记者报名参加。

境内外媒体如新华社、人民网、中国新闻社、《香港商报》、《侨报》、《南方日报》、《羊城晚报》、《广州日报》等展开了新闻大战，为读者奉上丰富精彩详实的新闻大餐。

2011广东经济发展国际咨询会开幕

中国日报网11月14日讯 11月14日，2011广东经济发展国际咨询会在广州开幕。本次国咨会的主题为“加快转型升级——再造广东经济发展新优势”。参加本次国咨会的省长经济顾问包括德国弗劳恩霍夫协会主席汉斯-约克 布凌格教授，日本富士通株式会社会长间塚 道义，美国通用电气公司副董事长庄睿思和日本日立集团会长川村 隆等。

广东省代省长朱小丹在开幕式上表示，创办于1999年的国咨会，作用不断扩大，影响日益深远，不仅有力地促进了广东经济平稳较快健康发展，而且深化了顾问所在机构与广东的交流合作。特别是在全球经济发生周期性波动的时候，这个平台的作用愈加凸显。

朱小丹表示，2009年国咨会取得了丰硕的成果。它拓宽了推进广东经济持续健康发展的思路和视野。各位顾问围绕“国际金融危机与广东持续发展”的主题提交了24篇咨询报告，同时紧密结合广东实际，就促进产业结构调整、构建珠三角都市圈、创造企业国际化营商环境等问题，在会议不同场合共提出了近200项意见和建议。这些报告和建议，对广东了解世界经济发展的最新变化和最新理念，拓宽国际视野、提高科学决策水平，发挥了十分积极的作用。广东在全面梳理、认真研究的基础上，确定采纳七项重点建议并积极加以落实，取得了十分可喜的成效。例如，广东采纳了意大利忠利集团巴比诺特提出的“争取香港金融服务业落户广东”的建议，先后从香港引进了美国友邦保险亚太区后援中心等多个大型项目落户广东金融高新技术服务区。采纳德国西门子股份公司戴恩提出的“鼓励企业采用合同能源管理模式开展降低建筑物能耗工作”的建议，迅速制定了广东加快推进合同能源管理促进节能服务业发展实施意见，在全国率先开展了“能效电厂”试点项目。

他表示，2009年国咨会进一步深化了广东与顾问所在机构的交流与合作。国际金融危机爆发后，不少跨国公司和机构放缓了对外投资合作的步伐，但顾问所在机构与广东的交流合作在这两年中不但没有减少，反而不断扩大和深化。例如，2009年，通用电气在广州成立了中国南方区总部、亚太区家电采购中心。2010年，西门子股份公司与中国科学院广州能源研究所签署了谅解备忘录，合作开展“广州市城市可持续发展研究”。2009年国咨会还扩大了广东和顾问所在机构在海内外的影响。

汪洋朱小丹会见洋顾问　要借鉴转型升级成功经验

南方日报11月15日讯（记者胡键、岳宗）　汪洋、朱小丹代表省委、省政府对顾问们的到来表示热烈欢迎，感谢他们长期以来对广东经济发展、社会进步给予的帮助和支持。汪洋说，广东经济发展国际咨询会已成为广东对外经济交流的一张闪亮名片，为广东发展注入了世界前沿的先进理念和创新思维，促进了广东与顾问机构的合作，搭建了广东与世界对话交流的平台，开创了各方互利共赢的合作新格局。

汪洋说，目前世界经济复苏的进程还很不平衡，基础还不牢固，国际金融危机的影响还远未消除。广东作为中国改革开放最早的省份，虽然取得了巨大的发展成就，但依靠过度消耗资源环境、低成本劳动力参与国际竞争的传统发展模式难以为继，必须转型升级。广东的发展是中国发展的一个缩影，广东转型升级可以创造更加广阔的市场空间，不仅可以促进广东经济发展，而且可以为国际经济发展作出贡献。各位顾问都是全球商界领袖或学界精英，是世界经济全球化的主要参与者，经历过包括国际金融危机在内的多次世界经济变革和产业格局调整，对国际产业发展的规律和趋势有深刻的认识和精辟见解，对产业转型升级和发展竞争优势也有许多成功经验。这次广东经济发展国际咨询会围绕“加快转型升级——再造广东经济发展新优势”

问计各位，就是希望充分借鉴大家的智慧和经验，帮助广东在转型升级上少走弯路，少交学费。

BP公司董事长思文凯代表全体顾问表示，担任广东省省长经济顾问深感荣幸，对广东近年来的发展变化表示祝贺，对朱小丹代省长的出色工作表示赞赏，并简要介绍了顾问们对广东转型升级的主要意见和建议。他说，广东对待顾问们的意见和建议非常认真严谨，这次及时将上次会议提出的意见和建议的吸收、落实情况反馈给我们，这正是我们希望的互动方式。

汪洋表示，将认真梳理"洋顾问"们的真知灼见，积极发展生产性服务业，努力提升传统制造业竞争力，与各国在先进制造业、新能源、节能环保、创新等领域加强合作。他强调，要培育创新文化，改进创新体制，为广东转型升级提供更有力的支撑。

欢迎为广东转型升级献良计
朱小丹会见省长经济顾问，深入交流进一步加强双方合作

南方日报11月14日讯（记者吴哲、彭国华、张胜波、高国辉） 2011广东经济发展国际咨询会将于今日拉开帷幕，洋顾问们已经陆续提前抵达广州。11月13日，省委副书记、代省长朱小丹在广州东方宾馆分别会见了十位已经抵穗的洋顾问，包括UPS公司国际总裁丹·布鲁托、忠利集团执行总裁巴比诺特、BP公司董事长思文凯、法国电力公司高级执行副总裁兼亚太区总裁马识路、丸红株式会社会长（董事长）胜俣 宣夫、日立集团会长（董事长）川村 隆、日本MS&AD保险集团控股公司董事总经理兼首席执行官江头敏明、爱立信公司总裁兼首席执行官卫翰思、美国艾默生电气公司总裁兼首席运营官孟瑟、通用电气公司副董事长庄睿思等。

围绕本届国际咨询会"加快转型升级——再造广东经济发展新优势"的主题，顾问们"做足功课"，均交出了沉甸甸的咨询报告并给出了很多可行性建议。朱小丹表示，已经详细阅读了每位顾问提交的高质量报告，接下来将会认真消化和采纳。

朱小丹向顾问们回顾了往届国际咨询会上所提建议的采纳情况，并对这

些老朋友数度为广东出谋划策，以及通过加大在粤投资和合作力度等实际行动，支持广东经济社会发展表示衷心感谢。

会见中，顾问们也畅谈了对扩大与广东合作的想法与建议。UPS公司国际总裁丹·布鲁托表示，该公司选取深圳作为亚太的转运中心，正是考虑到广东未来良好的发展前景，通过广州、深圳机场及盐田港等物流枢纽，让广东更好地与亚太及全球市场连接起来。

忠利集团执行总裁巴比诺特在咨询报告中分析了建设幸福广东的意义和方向，建议广东省实行更为优厚的社会福利制度，扩大家庭参与社会保险保障的覆盖面，同时，完善中小企业年金制度，发行挂钩通胀水平的政府债券等。

BP公司董事长思文凯说，能源是世界和中国未来所面临的巨大挑战，希望与广东加强合作，共同应对这一挑战。

法国电力公司高级执行副总裁马识路表示，法国电力是全球最大的核电运营商，而中广核是全球最大的核电在建商，双方的合作与开发领域非常广，“强强组合”将对双方核电事业产生非常深远的影响。

丸红株式会社会长（董事长）胜俣 宣夫以波音飞机的研发过程举例，形象地说明了供应链在产品研发中所起到的作用，并表示非常乐意与广东加强供应链方面的合作。

日立集团会长（董事长）川村 隆介绍了日本所采用的“课题解决型创新”这一新的思维方式，建议广东采取“产学官”模式推进产业转型升级。

日本MS&AD保险集团控股公司董事总经理兼首席执行官江头 敏明说，该公司在华业务快速增长，集团“最重要的业务在亚洲，亚洲最重要的业务在中国”。

爱立信公司总裁兼首席执行官卫翰思说爱立信倡导“开放式创新”，希望与广东合作，进一步扩大公司的移动互联网业务。

美国艾默生电气公司总裁兼首席运营官孟瑟表示，随着广东劳动力成本的不断上涨，要继续保持竞争力，就必须在其他方面提高效率，包括提高设备自动化程度。

通用电气公司副董事长庄睿思介绍了通用电气公司实施产业转型与创新战略、推进反向创新和开放式创新的成功经验，建议广东加强创新型人才的培养，大力提倡和发展创新文化。

会见中，朱小丹与洋顾问就如何进一步加强双方合作进行了深入的交流。朱小丹说，通过多次参与国际咨询会，顾问所在公司、机构已经与广东展开多领域、全方位的深入合作，成为广东提升国际竞争力的重要力量。

今年是“十二五”开局之年，广东正处于深化改革开放、加快转变经济发展方式的攻坚时期，肩负着“加快转型升级，建设幸福广东”的新使命。要改变过去传统的发展模式，就必须加大自主创新力度，调整优化产业结构，促进经济发展方式转变。广东未来重点发展的方向，正是顾问所在机构占据领先优势的领域。在广东今后加快转型升级、再造发展新优势的过程中，希望顾问所在机构能够发挥技术和经验优势，实现互利共赢。

顾问们也纷纷表示，得益于广东经济社会快速的发展，其所在公司已经取得了长足发展，未来将继续加大在广东的投资合作力度，以实际行动全力支持广东发展。

又讯昨日，副省长宋海、招玉芳、陈云贤分别与忠利集团执行总裁巴比诺特、野村集团会长古贺 信行、UPS公司国际总裁丹·布鲁托和BP公司董事长思文凯进行了工作会晤。

各位洋顾问针对各自的行业情况，对广东产业转型升级提出了不少真知灼见，宋海、招玉芳、陈云贤与这些顶级“外脑”们一一探讨未来广东发展的思路，寻求合作共识。

省长与“洋顾问”闭门“切磋”，探讨转型升级之路
再创广东可持续发展新优势

南方日报11月14日讯（记者彭国华、张胜波、吴哲） 寒潮过后的广州迎来秋日暖阳，2011广东经济发展国际咨询会昨日在广州东方宾馆召开。简短的开幕式之后，国际咨询会闭门会议正式开始，15位来自世界顶级企业和研究机构的洋顾问围绕“加快转型升级——再造广东经济发展新优势”的主题，与省长们展开为期一天精彩的思维碰撞。开放务实的广东正借助逐渐完善的“国际咨询”机制，在全球化视野中探寻转型升级发展之路。

转型广东期待新思路、新理念和新建议

省委副书记、代省长朱小丹在会议主题发言中表示，广东既是我国改革开放先行省，也是全国经济大省和全球制造业的重要基地。近年来，广东以科学发展为主题，以加快转变经济发展方式为主线，全面实施《珠三角改革发展规划纲要》，采取一系列有效措施促进经济社会平稳较快发展，推动经济转型升级，取得了明显成效，产业结构呈现高级化趋势，内外需协调拉动格局初步形成，自主创新能力进一步提高，外经贸转型升级步伐加快，节能减排工作成效明显。

朱小丹指出，我们也清醒地看到，长期以来，广东经济快速发展较大程度上主要依赖劳动力的低成本和资源能源的高投入，而且由于产业层次总体偏低、外向程度偏大、自主创新能力不强、资源环境约束突出，导致转变经济发展方式任务艰巨。

朱小丹说，“十二五”时期是广东深化改革开放、转变经济发展方式的攻坚期，也是加快转型升级、建设幸福广东的关键时期。放眼世界，生物、信息、新能源、新材料、节能环保等关键技术有望实现重大突破，新产业、新业态将不断涌现，全球将迎来以低碳、绿色为代表的新一轮科技和产业革命，产业转移将从单纯的加工制造向研发、销售等高端环节延伸。我国加快转变经济发展方式的政策体系也将不断完善，广东将迎来加快转型升级的战略良机。期待各位顾问为广东转型升级带来新思路、新理念和新建议。

在主题发言之后，副省长雷于蓝、陈云贤、宋海先后就“发展生产服务业与提升服务业水平”、“培育新兴产业与促进制造业高级化”和“推动开放条件下的创新合作”三个分议题作了引导发言。与会顾问纷纷围绕议题发言，提出了很多有价值的意见和建议，对话中，省长们与顾问们的观点有碰撞，有共鸣，充分交流了看法和思路。

采纳顾问建议助推广东再造新优势

最后，朱小丹对闭门会议作了小结。朱小丹认为，国际咨询会是一场促进广东走向更高层次国际化的思想盛宴，顾问们的建议与意见体现出三个鲜

明特点：一是专业性强。各位顾问都高度重视咨询工作，从本领域专业化的角度思考广东未来的发展，发言准备充分、深思熟虑、富有创见，提出的咨询意见体现了对当前国际经济形势的深刻理解和准确把握，有的吸纳了当今世界最新的研究成果，运用了最新的科学技术，代表了当今世界相关领域的顶尖专业水平。二是前瞻性强。各位顾问的发言和咨询报告站在战略和全局的高度，紧密结合国际和广东的实际，提出了许多新的理念和思想，体现了当今引领世界潮流的新思维、新技术、新做法。三是务实性强。各位顾问结合广东发展面临的新形势、新任务、新机遇，提出了许多非常有针对性的意见和建议，很多都具有很强的操作性。

朱小丹表示，各位顾问提出的宝贵意见和建议，对于促进我省“加快转型升级，建设幸福广东”具有重要的参考价值。下一步，将积极研究采纳顾问的建议，如通过加强云计算网络等相关基础设施建设，建立卓越研究中心网络、加大力度培养创新型人才等措施，再创广东创新发展新优势；通过加强供应链管理促进生产服务业发展，利用外国金融机构促进广东省双向直接投资提升产业发展层次等措施，再创广东产业发展新优势；通过积极开发新能源和可再生能源，对传统耗能工业产业进行节能改造和能效升级等措施，再创广东可持续发展新优势；通过采取与保险相结合的企业福利制度，改进企业年金制度增加员工福祉等措施，再创广东和谐发展新优势。会后，将对各位顾问的建议作全面梳理，在政府相关规划、工作方案和政策措施中积极加以采纳，部署实施。

省委常委、常务副省长肖志恒，副省长雷于蓝、宋海、林木声、刘昆、招玉芳、陈云贤和省政府党组成员李容根参加了闭门会议。

朱小丹三问“创新”

⊙本土企业如何与外企联合创新？

⊙跨国公司建地方研发中心有何考量？

⊙广东如何形成良好的创新系统？

南方日报11月15日讯（记者张胜波、彭国华、吴哲） 从早到晚一整天，东方宾馆会议厅里一直闪耀着思维碰撞的火花。11月14日，2011广东经济发展国际咨询会上演重头戏，15名知名跨国企业或机构的洋顾问为广东经济转型升级建言献策，主话题是“加快转型升级——再造广东经济发展新优势”。

其间，省委副书记、代省长朱小丹三次发问，关心的都是如何破解“创新”难题。

针对瑞士诺华公司首席执行官江慕忠建议广东吸引国际研发中心的建议，朱小丹提问，广东本土企业应如何与外国企业联合创新？江慕忠回答，政府应奖励创新，建立创新领导小组，确保政府政策可以领导创新。

朱小丹还向美国艾默生电气公司总裁兼首席运营官孟瑟请教，在选择建立地区研发中心时，跨国公司主要关心哪些因素？孟瑟表示，主要考虑位置上是否临近客户，是否有良好的商务生态环境，技术人才是否充足以及合理的工资水平等。孟瑟特别强调，高质量的劳动力队伍对任何研发工作来说都是核心，政府应出台合适的住房和资金支持政策，吸引其他地方的人才留在广东。

最后，朱小丹还向爱立信公司总裁兼首席执行官卫翰思发问，怎么做才能形成良好的创新系统？卫翰思回答，应当建立省级的网络，让利益相关者聚集其中。要成立省级的创新机构，确定需要应对哪些挑战，再从不同的方向着手解决。比如，要让教育覆盖广东所有区域，就要鼓励私营机构和政府官员都来讨论这个话题，确定需要什么类型的教育才能适应现在的社会，再找出工作重点，制订详细的计划。

对“洋顾问”们的独到见解，朱小丹认真倾听，频频点头。

省政府与德国弗劳恩霍夫协会签署战略合作框架协议，朱小丹出席签约仪式深化新兴产业领域全面合作

南方日报11月16日讯（记者吴哲、张胜波、彭国华） 11月15日，广东省政府与德国弗劳恩霍夫协会在广州签署了《广东省人民政府与德国弗劳恩霍夫协会战略合作框架协议》。省委副书记、代省长朱小丹出席签约仪式，并与德国弗劳恩霍夫协会主席布凌格教授代表双方签署协议。

省科技厅厅长李兴华介绍，这是国内第一个由政府与德国弗劳恩霍夫协会签署的框架协议。协议的签署将进一步深化双方在新兴产业领域的全面合作，积极推动“创新广东”建设。我省正致力于推进经济发展方式转型升级，科技创新的战略核心作用日益突出。与德国弗劳恩霍夫协会签署战略合作框架协议，是省政府从经济转型和产业升级的战略需求出发，充分利用国际创新资源，积极推进开放创新而采取的重大举措。

根据该框架协议，省科技厅负责统筹我省科研机构、高校及高新技术企业与德国弗劳恩霍夫协会开展全面合作，并将成立联合工作小组，制订具体实施方案。双方将在智能（节能）建筑、工业自动化、环境保护、健康食品等优先领域推进务实合作。

签约仪式前，朱小丹会见了布凌格教授，对布凌格教授前来参加国际咨询会以及多年来对广东经济发展和科技创新的高度关注表示感谢，就双方全面合作进行了深入探讨，并达成多项共识。

朱小丹高度重视与德国弗劳恩霍夫协会的合作，多次表示要把与德国弗劳恩霍夫协会的创新合作提升到推动技术创新、推进转型升级的战略高度。框架协议的签署正是在朱小丹的倡导下，在本届国际咨询会上取得的一项重要成果。

“外脑会”14日开幕　“洋顾问”人少级别高

南方网11月14日讯（记者吴渤，实习生刘文慧）　2011广东经济发展国际咨询会于11月14—15日在广州举行，这是广东省政府第八次举办国际咨询会。记者从昨天举行的新闻发布会上获悉，本届参会“外脑”15名，为历届最少，但其中13名是世界500强企业或知名学术机构“一把手”，比例为历届之最。

广东省政府副秘书长、广东经济发展国际咨询会筹备领导小组副组长李春洪介绍，本次国际咨询会的主题是：“加快转型升级——再造广东经济发展新优势”。

据悉，此次国际咨询会共聘请顾问15名，均是世界财经界的顶尖人物。顾问的层次比以往更高。15名顾问中，13名顾问来自2011年世界500强企业或全球行业领先企业，另外2名顾问来自世界顶级的研究和教育机构。在13名来自公司的顾问中，11名顾问都是公司的董事长、总裁或首席执行官，其他2名顾问也是公司的第二把手。2名顾问是来自世界顶级研究和教育机构的主席和校长。今年参会顾问近九成是机构主要负责人，比例为历届之最。

之所以“洋顾问”比往届少，是由于这样便于省领导与顾问们进行更加深入的交流和沟通，以求能够切实推进其所在机构与我省在各领域的务实合作。李春洪说，以往会议，省长聘请的顾问人数多在20名以上，省领导单独会见每位顾问的时间只能在30分钟以内，闭门会议上顾问发言的时间也只能在10分钟以内。顾问们都曾通过各种不同的方式向筹备办反映时间太少了。因此，在2010年11月召开的国际咨询会筹备领导小组会议决定2011年的省长经济顾问人数确定在15名左右。

省发改委副主任蔡允革在会上回答记者提问时说，此次会议除了倾听“洋顾问”的意见和建议外，还将突出务实性，积极寻求与“洋顾问”所代表的世界500强企业和科研机构的项目合作。

15位“洋顾问”献策转型升级

2011广东经济发展国际咨询会在广州开幕
朱小丹向新任5名省长顾问颁发聘书

侨报11月14日讯　　14日上午，2011广东经济发展国际咨询会在广州开幕，15名世界财经界的顶尖人物，以省长经济顾问的身份前来赴会。两天时间里，广东省代省长朱小丹将和洋顾问们面对面，问策广东转型升级。

广东经济发展国际咨询会创办于1999年。14日，朱小丹在开幕式上评价说，这12年来，尽管世界经济跌宕起伏，但广东经济发展国际咨询会的作用不断扩大，影响日益深远，它不仅有力地促进了广东经济平稳较快健康发展，而且深化了顾问所在机构与广东的交流合作。特别是在全球经济发生周期性波动的时候，这个平台的作用愈加凸显。

上一次的国际咨询会是两年前，当时百年一遇的国际金融危机肆虐全球。在国际咨询会上，顾问们围绕“国际金融危机与广东持续发展”的主题提交了24篇咨询报告，同时紧密结合广东实际，就促进产业结构调整、构建珠三角都市圈、创造企业国际化营商环境等专题，在会议中共提出近200项意见和建议。广东采纳了其中的七项重点建议，并积极加以落实。朱小丹认为，这些成果拓宽了推进广东经济持续健康发展的思路和视野。

朱小丹还提到，国际金融危机爆发后，不少跨国公司和机构放缓了对外投资合作的步伐，但顾问所在机构与广东的交流合作在这两年中不但没有减少，反而不断扩大和深化。

当前，国际金融危机对世界经济格局调整仍在产生广泛而深刻的影响。广东明确把“加快转型升级，建设幸福广东”作为当前和今后一个时期的核心任务。朱小丹说，广东如何在目前复杂多变的世界经济环境中和许多国家地区纷纷抢占新一轮科技产业革命制高点中，通过加快经济结构调整提升发展质量和核心竞争力，是紧迫而重大的任务。正是基于这样考虑，本次会议的主题定为“加快转型升级——再造广东经济发展新优势”，并在这个主题下设了“发展生产服务业与提升服务业水平”、“培育新兴产业与促进制造业高级化”和“推动开放条件下的创新合作”三个分议题。

14日的开幕式上，朱小丹还向新任的5名省长顾问颁发聘书。他们分别是卡内基梅隆大学校长杰瑞德·柯亨、法国电力公司高级执行副总裁马识路、爱立信公司总裁兼首席执行官卫翰思、日立集团会长（董事长）川村隆和瑞士诺华公司首席执行官江慕忠。

据了解，本次会议共聘请顾问15名，均是世界财经界的顶尖人物，其中13名来自2011年世界500强企业或全球行业领先企业，2名来自世界顶级的研究和教育机构。顾问分别来自电气机械、能源化工、电子信息、生物制药等先进制造业领域以及金融、科研服务、贸易、现代物流等现代服务业领域。

开幕式后，国际咨询会进行了为期一天的闭门会议，就“发展生产服务业与提升服务业水平”、“培育新兴产业与促进制造业高级化”和“推动开放条件下的创新合作”三个分议题进行交流，为“加快转型升级——再造广东经济发展新优势”建言献策。

2011广东经济发展国际咨询会在广州开幕

国际在线消息讯（记者谭铮） 以“加快转型升级——再造广东经济发展新优势”为主题的“2011广东经济发展国际咨询会”14日在广州拉开帷幕，来自世界各地知名企业和研究机构的15位省长经济顾问会聚一堂，为广东经济发展“出谋划策”。

在开幕式上，广东省代省长朱小丹向来自美国卡内基梅隆大学的校长杰瑞德·柯亨教授和法国电力公司高级执行副总裁马识路先生等五位新任“洋顾问”颁发“省长经济顾问”的聘书。同时，高度赞誉历届经济顾问对广东省的经济发展及扩大广东省在海内外的影响所作出的巨大贡献。

自1999年开始举办的广东经济发展国际咨询会至今已举行了七次，该机制自创立以来，已有48家世界500强的跨国公司及世界著名科研机构的高层领导人共130人次成为省长经济顾问。

朱小丹在开幕式上进行工作报告时表示，后国际金融危机对世界经济格局调整正产生广泛而深刻的影响。他说：“广东明确把‘加快转型升级，建设幸福广东’作为当前和今后一个时期的核心任务。广东如何在目前复杂多变的世界经济环境和许多国家地区纷纷抢占新一轮科技产业革命制高点中，通过加快经济结构调整提升发展质量和核心竞争力，是我们紧迫而重大的任务。”

据了解，国际咨询会期间，省长顾问还将就“发展生产服务业与提升服务业水平”、“培育新兴产业与促进制造业高级化”和“推动开放条件下的创新合作”三个分议题与广东省有关部门人士展开研讨。

广东举行国际咨询会　省长问计财经“洋顾问”

中新社广州11月14日电（记者唐贵江、刘烨、张乾铄） 为期两天的2011广东经济发展国际咨询会14日在广州开幕，来自世界发达国家的15位财经界顶尖“洋顾问”与广东省省长等负责官员，将就“加快转型升级——再造广东经济发展新优势”展开国际对话。

广东省省委副书记、代省长朱小丹在开幕式上指出，广东经济发展国际咨询会创办12年来，尽管世界经济跌宕起伏，但国际咨询会的作用不断扩大、影响日益深远，有力地促进了广东经济平稳较快健康发展。

朱小丹表示，当前国际金融危机对世界经济格局的调整正产生广泛而深刻的影响，广东明确把“加快转型升级，建设幸福广东”作为当前和今后一个时期的核心任务。广东如何在抢占新一轮科技革命、产业革命制高点的过程中，通过加快经济结构调整，转变经济发展方式提升发展质量和核心竞争力，成为紧迫而重大的任务。

据悉，本次会议设立了“发展生产服务业与提升服务业水平”、“培育新兴产业与促进制造业高级化”、“推动开放条件下的创新合作”三个分议题。开幕式结束后，“洋顾问”们与广东省主要官员就上述议题进行了充分交流。

本次国际咨询会15日还将举办多场专题论坛，分别就如何调动金融资源支持高新技术企业发展、如何通过强化信息技术在企业和产业中的应用以及把握保险业发展的新特征等方面进行深入探讨。

广东经济发展国际咨询会是广东扩大国际视野、推进国际化战略、树立良好国际形象、加强与世界500强企业交流与合作的一个重要平台，国际顾问们纷纷为广东的发展献计献策，并有多项建议被纳入广东的重要发展计划当中。

洋顾问：物流效率挑战经济转型升级

新华网广州11月14日电（记者叶前）　以跨国公司高管为主体的“洋顾问”在广东经济发展国际咨询会上表示，物流是目前广东乃至中国经济发展面临的主要挑战之一。

世界物流巨头、美国UPS公司国际总裁丹·布鲁托14日说，广东省得益于优秀的地理位置，得以成为整个中国的产品供应地和产品发送地，乃至整个亚太地区和世界的门户。但物流方面的局限限制了广东成为“中心”和“门户”。

在中国，物流成本的高企和效率的偏低已成为“众矢之的”，提升物流服务水平、建设现代物流产业体系是加快经济转型升级的一堂“必修课”。

丹·布鲁托认为，目前，如果海关程序过于复杂，会阻碍有关产品和服务出口到世界其他地区，也会使得产品服务和流动在中国内部都变得十分复杂，如果能继续简化海关程序，就将极大地提高广东省在物流方面的运输效率。

第二个挑战来自航空利用率。丹·布鲁托建议广东进一步放宽它的空域政策，以便更多航班能够往来于广东和世界其他地区。

此外，"洋顾问"还建议广东进一步提高和中国香港、中国澳门、台湾地区之间运输的效率，如果进一步地简化程序，使跨境运输更加便利，就能够更有效地提高物流的效率和价值。

基础设施多用途化被国际物流巨头认为是提升物流效率的重要举措之一，丹·布鲁托举例说，比如说我们现在有一栋物流集散大楼，它既可以从事包装，又可以搞运输和物品的发送，这个多用途的设施就会进一步提高高价值和先进制造业的效益，又比如说现在我们有一些非常高端的医疗设备，如果我们能够在移动设施里面完成它全部的物流步骤，而且能使这个设施更靠近消费者的话，就会对广东省打造世界级物流中心有很大的帮助。

丹·布鲁托说："UPS将加强与广东的合作，我很有信心，广东将发展成为世界上顶尖的物流中心之一。"

广东问计"洋顾问"

广东问计洋顾问　粤国际咨询会谋发展新优势

香港商报11月15日讯（记者李苑立、李斌、梁芷萍）　为期两天的2011广东经济发展国际咨询会昨日在广州开幕，来自世界发达国家的15位财经界顶尖"洋顾问"与广东省主要负责官员，就"加快转型升级，再造广东经济发展新优势"展开国际对话。

刚刚履新的广东省代省长朱小丹在开幕式后首场记者招待会上指出，广东今年的外贸形势严峻，服务业发展水平迟滞不前，未来将积极开拓新兴国家市场，并会大力推动服务业发展，推动内地服务业对港澳地区开放的先行先试，争取能够在粤港澳这个大珠三角地区构建起现代综合服务业体系。

履新后首场记者会 朱小丹解画广东发展新局

2011年广东经济发展国际咨询会昨日开幕，刚刚履新的广东省代省长朱小丹与来自全球的15位顾问就广东未来经济发展及规划在广州举行了首场记者招待会。

今年出口挑战大于2008年

目前欧债危机正在蔓延，作为外贸依存度极高的广东省该如何应对，这绝对是新任省长不可回避的一大难题。对此，朱小丹回应称，2011年受全球经济增速放缓的影响，广东外贸确实出现了比较明显的下行趋势，10月广东出口总值730.7亿美元，同比仅增长7.8%。他说，广东的出口维持了相当一段时间的两位数增长，现在下跌到一位数，可以说明正面临非常大的挑战，这种挑战甚至可以说不亚于2008年。“在今后一段可预见的时间内，广东的出口还会承担较大压力。”

将扩大新兴市场出口

谈到对策，朱小丹指出，下一步将针对目前进出口贸易面临的下行压力，坚持“稳增长、调结构、促平衡”的方针。他特别提到将加大对出口企业的扶持，在退税、收费清理、财税支持、融资担保、优化服务等多方面采取有力措施，对有订单，有效益，收费有保证，风险可控的出口企业给予重点扶持。他还透露，在努力保持欧美市场份额的同时，广东省政府已经考虑明年安排分管副省长组团出访主要新兴市场国家，扩大对新兴市场国家的出口，努力构建多元结构的出口市场。如何加快广东转型升级步伐，朱小丹认为主攻方向有三个方面：第一是要优先发展现代服务业，第二是要大力促进高端先进制造业的发展，第三是要全力培育和发展战略新兴产业。这三者要有机融合，相互促进。

服务业发展成短板

朱小丹特别强调了对广东服务业的关注。他说，在整个“十一五”期间，广东服务业发展都没有达到预期目标。从2011年1到10月的情况来看，服务业增加值低于第二产业增加值的增幅，同时2011年以来服务业的固定资产投资增幅也仍然低于第二产业的固定资产投资的增幅，这意味着今年广东服务业的比重不会有大的提高。朱小丹称，下一步他将抓紧研究明年的服务业发展工作，作进一步深入细致的策划，尤其是现代服务业、生产型服务业，包括高端服务业的发展。他强调，发展服务业要特别注意加强和港澳地区合作，推动内地服务业对港澳开放的先行先试，争取在粤港澳这个大珠三角地区构建一体化、现代综合服务业体系，这是广东产业结构调整的一个非常重要的主攻方向。“从广东目前受到的制约来看，再不高度重视和加快发展现代服务业的话，目前这样的产业结构是难以为继的。”朱小丹对此深表忧虑。

港媒“追堵”代省长

11月14日历时100分钟的记者招待会飞快地过去。代省长朱小丹耐心地逐一回答记者的提问之后，正打算离开会场，又被两家香港媒体“截堵”：“朱省长，跟我们港澳同胞讲两句吧！”

“广东下一步要转型升级，率先基本实现现代化，仍然离不开粤港澳合作。对于此项长期战略，广东是坚定不移的。”朱小丹再次停下脚步，认真地回答记者的问题。他表示，粤港澳合作的首要工作是要细化广东和香港澳门战略合作的框架协议，目前正在编制基础设施（特别是跨境基础设施）的专项规划和粤港澳共建优质生活圈的规划。此外，广东将全力推进服务业对港澳开放的试点工作，即打造全新南沙、横琴、前海新区，为粤港澳进一步合作创造最好的空间。

“洋顾问”献策53条

这是广东省政府举办的第八次国际咨询会。本次主题是“加快转型升级，再造广东经济发展新优势”。今年聘请参会的顾问共15人，虽比往届人数要少，但均是世界财经界的顶尖人物。15位顾问昨天向广东省政府提交了15份咨询报告，提出53条建议，助力广东产业转型升级。14日傍晚，朱小丹在记者会上通报，53条建议中最集中的是关于“发展生产服务业”、“培育新兴产业”、“推动开放条件下的创新合作”三个方面的议题。广东省政府方面称，将对这15份报告、53条建议全面梳理。借助这些意见建议的启发，广东将着力提升自主创新能力，促进现代服务业、先进制造业、战略性新兴产业相互融合、互动发展，再造经济发展新优势。

汪洋：转型升级可三赢

在11月14日与洋顾问们的座谈会中，广东省委书记汪洋再次强调了转型升级的重要性和迫切性。他指出，广东作为中国改革开放最早的省份，消耗型的经济发展方式已难以继续。举办国际咨询会，不仅是世界金融企业与广东的合作，而且亦是发达国家与发展中国家的合作，希望各位顾问提供所在企业及国家的转型升级经验，以便广东能够在转型升级道路上少走弯路，少交学费。汪洋认为，转型升级首先受惠的是广东本身，而且广东实现转型升级，对于国家来说也具有重要意义。另外，广东转型升级后，与顾问们所在的机构亦会有更大的合作空间。汪洋还强调，创新文化尤其重要。同时他亦认为目前体制存在不足，体制亟须创新，他说：“我们愿意学习发达国家的先进经验，培育我们的创新文化，改进我们的创新体制，使转型升级能够得到更有力的执行。”

打造智能型城市　建设数字化广东

洋顾问出点子：应将信息化与工业化两化融合

在昨天举行的广东经济发展国际咨询会上，众多洋顾问与与会者亲切交流，并为广东发展献计献策。不少洋专家将目光对准信息化与工业化两化融合，建议广东打造数字化广东、智能型城市。

广州日报11月16日讯（记者王亮、耿旭静）　15日上午，2011广东经济发展国际咨询会金融专题论坛在广州举行。此次论坛的主题是：增创金融与科技融合新优势，加快发展新兴产业。论坛由广东省人民政府副省长宋海主持，省长顾问日本MS&AD保险集团控股公司董事总经理兼首席执行官江头 敏明、野村控股株式会社会长（董事长）古贺 信行出席论坛并作专题演讲。

古贺 信行建议在广东省省内设立“大学衍生创业企业援助基金”。

推两化融合促转型升级

11月15日上午，以“转型升级智造先行深度融合再创辉煌”为主题的专题论坛在广州东方宾馆举行。工业和信息化部副部长杨学山、广东省副省长陈云贤出席论坛并发表“推动两化融合促进转型升级”的主题演讲。

让社会各界更了解保险

11月15日广东经济发展国际咨询会——保险专题论坛在广州隆重举行。论坛的主题是“保险，让生活更幸福”。此次论坛由广东保监局、广东省金融办、广东金融高新技术服务区承办。论坛旨在通过反映保险的内在属性和特有功能，使社会各界进一步了解保险和风险知识，运用保险机制作出科学安排，减少各类风险对生活的影响，推动保险业在建设幸福广东中发挥更大的作用。

卡内基梅隆大学校长杰瑞德·柯亨：中美可联手研发机器人

杰瑞德·柯亨教授的发言侧重于教育合作方面。他表示："既然广东已确定其主要任务就是转型升级，那么它必须从历史上，从其他国家和地区去吸收经验和教训。中美两国的大学和工业企业可以携手合作研发技术，以不同的方式运用于我们不同的区域和市场。我们在很多领域都可以进行合作，如电车技术、能源技术、机器人技术等。"

富士通株式会社会长（董事长）间塚 道义：实现华南100%数字化

间塚 道义先生表示，广东已经意识到信息通信技术服务业的发展至关重要，应大力发展新一代的网络和物联网。"在日本国民中将网络视为自己工作生活中重要信息来源的已经从原来的41.4%迅速增长到2010年的61.4%，增幅为20%。在实现广东全省的数字化以后，应该着眼实现整个华南地区100%的数字化覆盖。"

德国弗劳恩霍夫协会主席布凌格：热盼广东建电子装备业研发基地

布凌格教授在东方宾馆作了题为"德国弗劳恩霍夫协会创新模式"的演讲。布凌格表示，他希望在广东建立电子装备相关行业的研发基地，德方会向广东提供一些金融方面的支持和帮助。

日立集团会长（董事长）川村 隆：云计算作贡献

川村 隆先生建议广州建设智能型城市。"广州计划打造一个生态城市，有IT、云计算等基础设施建设，希望我们能为广州建设作出一些贡献。现在是实现信息化大发展的一个好时机，日立希望通过在云计算信息技术方面的创新，为广东作出一些贡献。"

“洋顾问”如何帮广东转型升级

人民网11月16日讯 11月14日，广州东方宾馆高朋满座，2011年广东经济发展国际咨询会开幕，15位省长经济顾问悉数到齐。他们要么是BP（英国石油公司）、通用、日立等跨国巨头的董事长、CEO，要么是来自知名高等学府、研究机构的经济专家。两天里，他们和广东省主要领导一起，共商广东转型升级之路。

当前，国际金融危机的影响远未消除，全球经济复杂多变，回暖乏力；而改革开放最早，经济发展成就最显著的广东，也深受传统发展模式之困，正处在深化改革开放、加快转型升级的攻坚期。在这样的背景下，15位“洋顾问”如一阵春风拂来，令广东上下为之一振。“希望充分借鉴大家的智慧和经验，帮助广东在转型升级上少走弯路，少交学费。”真诚的话语中，饱含着广东官员对“洋顾问”的殷切期望。

事实上，广东在之前已举办的七次经济发展国际咨询会上，的确获得了“洋顾问”的很多“金点子”。但与此同时，也有人士提出，国际咨询会两年一次，每次待两三天，各位“洋顾问”对中国，特别是对广东的特殊情况和具体实际难有深入的了解和把握。

广东到底应该如何发挥“洋顾问”作用，帮助自己转型升级？对此，相关学者建议，作为全球商界领袖或学界精英，作为世界经济全球化的主要参与者，“洋顾问”们的优势在于对国际产业发展的规律和趋势有深刻的认识和精辟见解，对产业转型升级和发展竞争优势也有许多成功经验。而对于他们给广东提出的具体建议，特别是一些操作性的建议，则要多听民间、基层的意见，结合广东实际加以吸收。

虚心求教：“洋顾问”带来“金点子”

转型期的广东，迫切期待更多新思路、新理念、新建议。

在11月14日下午的记者招待会上，刚刚担任广东省代省长的朱小丹说：“每位顾问都向国际咨询会提交了他们自己的咨询报告，所有这15个咨询报告，一共就广东转型升级提出了53条具有针对性和建设性、前瞻性的意见。”

广东经济发展国际咨询会创办于1999年。此后，已有48家世界500强跨国公司及世界著名科研机构的高层领导人共130人次作为省长经济顾问，出席了七次国际咨询会。例如在2009年，各位顾问提交了24篇咨询报告，同时就促进产业结构调整、构建珠三角都市圈、创造企业国际化营商环境等专题，在会议不同场合共提出近200项意见和建议。

本次的国际咨询会，更让省长大有收获。朱小丹介绍，53条意见主要集中在三个分议题上：一是针对“发展生产服务业与提升服务业水平”，提出了加强互联网数据中心等云计算网络相关基础设施建设，加强供应链管理，进一步放宽对国际物流公司总部的范围，吸引更多国际物流公司采取与保险相结合的企业福利制度和改进企业年金制度，来增加员工福利，并确保留住人才等等许多好的意见和建议。二是针对“培育新兴产业与促进制造业高级化”，提出了开展继续需求分析，确立新兴产业技术及产业发展方向，灵活充分地利用外国金融机构促进广东省双向直接投资，以提升产业发展层次，对传统工业产业进行节能改造、升级，以促进可持续发展，加强广东与不同国家大学之间开展合作，共同推进先进制造业发展等许多好的意见和建议。三是针对“推动开放条件下的创新合作”，提出了依据课题解决型创新思维方式，培育为广东省解决重大课题，建立卓越研究中心网络作为企业、高校、科研院所和其他组织之间长期创新协作的平台，制定政策及措施帮助企业吸引并留住人才等意见和建议。

而其中，“要抓自主创新，是我们最大的收获”。朱小丹说，顾问们提供了很多让大家耳目一新，甚至过去完全没有接受过的世界先进的创新理念，“包括开放型创新、课题解决型创新，也包括优化开放型创新的生态环境等等，这些都给了我们很大的启发。”

务实合作：“洋顾问”带来好项目

记者发现，“洋顾问”中的13位，分别来自英国石油公司、法国电力公司、富士通株式会社等世界上声名显赫的大企业，且均居董事长（会长）、首席执行官、总裁等要职。对此，广东的领导层敏锐地认识到，“洋顾问”

对本省转型升级的意义，不仅在于“务虚”层面上的意见、建议，更在于“务实”层面上广阔的合作空间。正如广东省政府副秘书长李春洪所说，国际咨询会已被打造成广东与世界500强企业交流合作的重要平台和对外宣传的重要窗口，在拓宽国际视野，推进国际合作等方面发挥了重要作用。

而深入合作，也符合“洋顾问”背后所代表的跨国机构的利益。日本野村控股株式会社会长古贺 信行表示，作为日本最大的证券公司，野村希望在广东企业“走出去”的过程中，为企业提供必不可少的金融服务，同时希望加强与广东证券业的合作。富士通株式会社会长间塚 道义表示，即将建成的富士通数据中心，将对广东制造业、服务业的转型升级起到促进作用，其中，云计算技术将对广东制造业的技术创新和研发起到积极作用。

在本次国际咨询会上，外方提出的初步合作意向包括法国电力公司希望参与广东电力项目开发，帮助广东打造核电产业链；日本丸红株式会社希望投资广东有关污水处理项目，参与中新广州知识城智能电网建设；美国UPS公司拟进一步扩大业务吸引更多的高端制造企业在亚太转运中心周围集聚；日本MS&AD保险集团希望在保险风险管理等方面与中资开展合作；瑞典爱立信公司考虑不断推进广东通信市场的发展。

会议期间，各种战略合作框架协议亦纷纷落定。11月13日，通用电气公司在广州举行了基于中国“绿色挑战”的广东项目启动仪式，并有意在广东设立创新中心。同一天，BP集团下属的珠海碧辟化工有限公司与珠海市政府签订了合作框架协议；11月15日，制药和保健企业瑞士诺华公司和中山市政府就诺华公司在中山投资项目签订谅解备忘录。

除了经济方面，中外合作办学的务实合作也在推进中。11月14日晚，中山大学校长许宁生院士与“洋顾问”之一卡内基梅隆大学校长柯亨教授正式签署协议，建设中山大学—卡内基梅隆大学联合工程学院及其下设的电子与计算机工程学院，从明年起对中国学生提供电子与计算机工程学的硕士与博士双学位培养，将世界一流教育搬到广东家门口。

实践操作：应多问计民间和基层

对于“洋顾问”们提出的意见和建议，广东将在今后政府相关规划、相关方案、工作部署和政策措施中积极地加以采纳。

那么，来自外国的点子，是否一用就灵？对此，大多数人看好。网友“吵小子”说：“国咨会在为我们敞开和世界面对面交流的窗口，引进先进的理念和创新的思路的同时，也增强了顾问所在公司在广东投资的信心，推动他们与广东省的合作。”

但问题是，“洋顾问”们水平再高，毕竟国际咨询会两年才开一次，每次只来广东待个两三天，而且来了就开会，他们对中国，对广东，特别是对经济社会和行政体制，如何有一个深层次的了解？在这一点上，网友“吴宓”的意见非常有针对性，“‘洋顾问’要深入了解广东，不能仅停留在官方资料上，这样才能给出确切的意见和建议。广东的发展要有广东的特色，而不是建成‘××第二’。”

他的话，引起了一定的共鸣。例如，在本次国际咨询会上，法国电力公司高级执行副总裁马识路提出，广东省是自然资源比较匮乏的一个省份，最有效率的方式就是开发核电。“我相信法电和中广核这样两个强强公司的联合，将会对整个世界都产生非常积极的影响，当然会对广东的能源发展和核电使用也起到非常积极的作用。我们也有理由相信广东省将会成为中国核电产业的核心……”

此言在网络直播上一出，网友“那个谁”随即发言：“马先生，广东核电的发展，还要看老百姓愿不愿意。”

对此，公共决策专家、中山大学行政管理研究中心教授郭巍青认为，“洋顾问”的优势，一是专业性强，对当前国际经济形势有深刻理解和准确把握，有的吸纳了当今世界最新的研究成果，运用了最新的科学技术，代表了当今世界相关领域的顶尖专业水平；二是前瞻性强，能站在战略和全局的高度，提出许多新的理念和思想，体现了当今引领世界潮流的新思维、新技术、新做法。“就广东来说，对自身转型升级帮助最大的，除了一系列务实合作外，应该就是在理念层面，不仅了解了世界经济发展的最新变化和最新理念，而且还拓宽了国际视野，提高了科学决策水平。”

而在具体的政策建议和可操作性的实践层面上，郭巍青建议广东的领导层有选择地吸收，“听取‘洋顾问’的建议，更新自己的观念和理念只是完成了第一步，要作出符合实际，真正行之有效的各项转型升级决策，还是要多结合广东实际，多听取民间诉求和基层的意见。”郭巍青说，“毕竟，‘外来的和尚’再会念经，也要在中国行得通，念到中国人心里去才行。”

物流投资是广东未来成功的关键

羊城晚报11月22日讯（记者马汉青） 在刚结束的“2011广东经济发展国际咨询会”上，15位全球财经界顶尖“洋顾问”给广东发展带来了众多真知灼见。其中，世界物流巨头、美国UPS公司国际总裁丹·布鲁托先生的观点引起了多方关注。

为此，《羊城晚报》记者对丹·布鲁托进行了专访，请其详谈业界关注的当前物流业面临的机遇与挑战，以及为广东如何借力物流加快转型升级“支招”。

羊城晚报记者：全球经济复苏速度缓慢，这对全球物流和快递市场将产生什么影响？

丹·布鲁托：由于经济前景不明朗，消费者需求难以预测，因此需要供应链有更大的弹性。各国政府在努力促进经济增长的同时，也积极关注通过《自由贸易协定》和放宽贸易政策来刺激贸易——这为全球物流供应商提供了更多的发展机会。

接下来的5年内，全球经济增长的大约87%预计来自于美国以外的国家，特别是发展中国家。除了中国，当今增长速度最快的市场还包括越南、土耳其和巴西。同时，由于企业在寻求中国之外的其他供应采购地点，亚洲国家之间的贸易也在不断增长。

羊城晚报记者：在这种背景下，中国市场的机会在哪里？

丹·布鲁托：尽管欧洲和美国经济有诸多不确定性，中国和亚太地区其他国家的经济远景却仍然强劲。

经济前景不明朗迫使中国重新思考自己的经济模式，特别是其经济增长对出口的依赖。过去，中国贸易和出口的焦点是美国和欧洲。未来，亚洲区内贸易将成为关键。

羊城晚报记者：在UPS的中国市场战略中，广东和珠江三角洲处于什么样的位置？

丹·布鲁托：广东的制造业一直在中国乃至世界上处于领先地位。UPS很多里程碑性的事件都发生在广东，如今仅在广东我们就拥有超过1500名员工。我们还会在这个重要的市场继续投资，扩大网络，提高运营能力，从而满足客户需求。

羊城晚报记者：对广东物流和快递业的发展，您有什么建议？

丹·布鲁托：广东对物流方面的投资仍是未来成功的一个关键因素，作为中国对内和对外的窗口，其未来发展有三个方面至关重要：

一是视野着眼于省外，可以通过推行更自由开放的空域政策，扩展并加强与亚洲区内市场的联系。广东战略位置和地理位置优越，可以为主要航空公司提供更多的灵活性和机会，从而扩张自己的航空网络，极大地增强与其他亚洲国家的航空联系。

二是为加速产业转型，与中国香港及台湾地区的进一步连通对广东来说至关重要。为物流企业提供更宽松、便捷的通道，使物流行业与这些市场整合，也会强化广东的整体连通性。

三是与其他省份的广泛合作，会使广东在中国处于一个具有竞争优势的地位，并能确保自己在全球和中国供应链网络里的枢纽地位。

此外，为了最大限度地提升效率，物流公司须具备在一体化的设施基础上经营国际和国内、快递和货运业务的能力。如果广东能够在这个前沿领域作出一些开创性的努力，就一定会使广东这个物流中心比其他地区竞争者处于更加领先的地位。

第六章

出席会议的顾问所在机构简介

（按英文字母顺序）

忠利集团

忠利保险有限公司于1831年成立于的里雅斯特市（Trieste），是意大利最大的保险公司，世界主要的全球保险及金融服务提供者之一。

忠利集团是欧洲第三大保险和金融服务集团，寿险业务在欧洲市场占有率排名第一，在全球拥有84000多名雇员；2010年，总保费收入为731亿欧元，投资总额3719亿欧元，总资产4324亿欧元，在2011年《财富》杂志全球500强公司中位居第33位。

在中国，忠利保险与中国石油天然气集团公司合资设立了中意人寿保险和中意财产两家保险公司。其中中意人寿于2002年1月在广州成立，公司注册资本金人民币27亿元，总资产413亿元，两项指标在中国内地合资保险公司中均位居前列。中意人寿目前在中国设有10家省级分公司，其中广东分公司保费收入从2002年的3196万元增长到2010年的13亿元，8年内增长了41.2倍。

BP公司

BP（British Petroleum p.l.c.，英国石油公司）是世界上最大的石油和天然气企业之一，总部设在伦敦，在全球80多个国家拥有生产和经营活动，全球拥有8万名员工，业务领域包括石油天然气勘探开发、炼油、市场营销，以及石油化工和可再生能源，公司股票在全球主要证交所挂牌交易。BP在2011年《财富》杂志全球500强公司排名中位居第4位。

自20世纪70年代初开始在中国开展业务以来，BP亲身经历并参与了中国的改革开放，迄今在华商业投资累计近50亿美元。BP在华南和华东地区共经营10多家合资企业。

BP在广东投资累计达28亿美元，占在华投资的60%。BP是广东大鹏液化天然气基地站项目唯一的外方合作伙伴，每年为珠三角地区提供数百万吨液化天然气，并在珠海运行着中国最大的PTA生产企业之一。此外，BP还与中山大学共建了BP液化天然气教育、培训与研究中心。

卡内基梅隆大学

卡内基梅隆大学（Carnegie Mellon University，缩写CMU），是美国著名实业家、慈善家安德鲁·卡内基出资建立的唯一一所学校。1900年，卡内基技术学校在宾夕法尼亚州匹兹堡市成立；1912年，更名为卡内基理工学院；1967年与梅隆研究院合并并正式更名为卡内基梅隆大学。现任校长为杰瑞德·柯亨教授，全校本科生6020人、研究生5510人、师资队伍人数超过1300人。

该校拥有全美第一所计算机学院和戏剧学院，该校的艺术学院、商学院、工学院和公共管理学院均在全美名列前茅，其计算机科学研究和麻省理工学院并列全美第一。

卡内基梅隆大学自创立以来一直是创新的摇篮，该校在为市场提供创新思想、成功创建新兴企业方面领先全球。该校还是美国航空航天局科研任务的主要承制单位之一；该校不仅在机器人技术方面全球领先，而且也是世界上规模最大、参与人数最多的机器人足球比赛“RoboCup”（机器人足球世界杯）的创始者和主要赞助方之一，被公认为是机器人应用于教育的先驱者。

法国电力公司

法国电力公司成立于1946年，总部设在巴黎，是一家能源生产与经营上下游业务一体化的企业，涵盖发电、输电、配电、能源交易和能源销售等各个环节，在欧洲能源市场上处于领先地位。法国电力公司2010年销售额达652亿欧元，在2011年《财富》杂志全球500强公司排名中位居第68位。

法国电力公司是全球最大的核电运营商，在法国本土运行管理58个核电站，开发和建设EPR（Evolutionary Power Reactors，欧洲第三代原子能反应堆）；在水电领域，拥有2000万千瓦的装机容量，是欧盟最大的水电运营企业。

1984年，法国电力公司担任大亚湾核电站建设的技术总负责，帮助设计、建设和运行了中国第一个大型民用核电站。其后参加了岭澳核电站一期和二期项目的建设和运行，与中国广东核电集团公司一起投资建设了中国第一个应用EPR技术的核电项目——台山核电站。

美国艾默生电气公司

美国艾默生电气公司成立于1890年，总部设在美国密苏里州圣路易斯市，拥有60多家子公司，在150个国家设有240家生产设施，2010财年销售额达到210亿美元。网络能源、过程管理、工业自动化、环境优化技术、工具及储存为艾默生五大业务平台。艾默生在2011年《财富》杂志全球500强公司排名中位居第443位，在全美电子行业（电子及电子设备）中位列第1名。

中国是艾默生在全球业务发展最快的地区之一。自2002财年中国已成为艾默生仅次于美国的第二大市场。目前，艾默生在中国设立了40多家企业和近20家研发中心。

广东省不仅是艾默生在华投资额最高的省份，而且也是艾默生在华最早投资的地方；1992年，艾默生电气（深圳）有限公司在深圳宝安成立，这是艾默生在华设立的第一家子公司。目前，艾默生在广东省共成立了十余家生产企业，分布于深圳、罗定、江门和中山等地。

爱立信公司

爱立信公司创立于1876年，总部设在瑞典斯德哥尔摩，是世界领先的为电信运营商提供技术和服务的供应商。爱立信在全球180个国家拥有90000多名员工，2010年收入达282亿美元，在2011年《财富》杂志全球500强公司排名中位居第338位。作为2G、3G和4G移动通信技术的市场领导者，爱立信为拥有超过20亿用户的网络提供支持，并且在电信管理服务领域居于领先地位。

爱立信与中国的合作已有百余年的悠久历史。在将中国打造成爱立信生产供应中枢的同时，还致力于将中国打造成爱立信全球技术研发的基石。

爱立信与广东在电信行业一直保持着长期并卓有成效的合作，1985年，爱立信和广东省邮电管理局签订了第一个AXE（目前世界电信市场使用最广泛的程控交换系统之一）合同；爱立信（中国）通信有限公司广州分公司是爱立信在中国内地的四大市场区域总部之一。多年来，在与广东省的紧密合作中，爱立信从生产、研发和服务三大领域着手，将广东建设成为了爱立信在中国的重要核心区域之一。

德国弗劳恩霍夫协会

德国弗劳恩霍夫应用研究促进协会成立于1949年，总部设在慕尼黑，以德国历史上著名的科学家、发明家和企业家约瑟夫·冯·弗劳恩霍夫（Joseph von Fraunhofer，1787—1826年）命名，是公益性、非营利的科研机构，是当今欧洲最大的应用技术研究机构。目前，德国弗劳恩霍夫协会在德国有60个研究所，在欧洲、美国和亚洲设有分支和代表机构，拥有18000多名工作人员，2010年度科研经费16.6亿欧元。

德国弗劳恩霍夫协会重视在国际范围开展业务与合作。除了在美国的独资机构和所属6个研究中心以外，协会总部还在中国、日本、韩国、印尼等亚洲国家设立了代表处，其中北京代表处成立于1999年。

德国弗劳恩霍夫协会近年来在广东与企业、科研院所以及高等院校开展了扎实、有成效的合作，协会主席布凌格博士受聘担任华南理工大学荣誉教授；物流研究所（IML）所长马维·克劳森博士受聘担任中山大学客座教授。弗劳恩霍夫界面和生物工程技术研究所（IGB）与中国电器科学研究院在2011年8月签订了合同，针对该院广州擎天工业园应用非中心式污水处理装置项目开展可行性研究；弗劳恩霍夫生产设备和结构技术研究所（IPK）与广东省经济技术评估中心合作建立广州标杆分析中心。

富士通株式会社

富士通株式会社于1935年在日本成立，总部设在东京，以生产电信设备起家并开始涉足信息产业，目前已发展成为以IT服务为核心，横跨计算机平台和通信设备、软件与服务、半导体电子器件三大领域的IT综合服务供应商。富士通集团拥有17万多名员工，遍布全球100多个国家。在2011年《财富》杂志全球500强公司排名中位居第158位。

富士通于20世纪70年代进入中国。在通信、计算机、软件开发、半导体以及高新技术的研究开发等领域与中国进行合作并取得了丰硕的成果。30多年来，富士通在中国的总投资金额超过23亿人民币，共设47家公司，员工22000多人。富士通在广东总共投资设立了三家企业，包括富士通（广东）

科技服务有限公司、富士通信息系统（深圳）有限公司以及东莞富士通电装电子有限公司，总投资额超过3000万美元。

通用电气公司

通用电气公司（GE）成立于1892年，总部设在美国康涅狄格州费尔菲尔德（Fairfield），是一家全球化的基础设施、金融和媒体公司，是全球最大的多元化企业。GE的产品和服务范围涵盖能源、石油天然气、水处理、航空、运输系统、家电、照明、医疗、自动化、金融、新闻媒体和娱乐等领域，客户遍及全球100多个国家，拥有30多万员工。2010年销售额为1502亿美元，在2011年《财富》杂志全球500强公司排名中位居第16位。

早在1906年，GE就开始发展同中国的贸易。1979年，GE与中国重建贸易关系；目前，GE所有业务部门都已经在中国开展业务，拥有18000多名员工，并建立了50多个包括独资、合资企业以及研发中心等经营实体。2010年，GE在中国的销售收入达到50亿美元。

GE在广州及深圳设有分公司，并拥有近450名员工。2009年，GE中国南方区总部和亚太区家电采购中心在广州成立。2010年，GE在广东地区的采购额逾9亿美元，产品涵盖电子电器、型材、OEM（Original Equipment Manufacture，原厂委托制造，即代工生产）成品等多种类别，行业涉及家电、能源、医疗、交通、照明等诸多领域。

日立集团

日立集团是全球最大的综合跨国集团之一，也是日本最大的综合电气、电子产品公司，总部设在东京。从普通消费产品到社会基础设施，所涉及领域包括电力设备、产业机械、控制系统、信息电子、数字家电、显示器部件、物流金融服务等。日立在全球共有914家公司，员工总数约36万人。2010年度实现净销售额1122. 39亿美元，在2011年《财富》杂志全球500强公司排名中位居第40位。

自从1981年首次在福建设立中国第一家外资企业——福建日立电视机有限公司以来，日立集团在中国共有141家控股子公司，员工约6万人。2010年度中国区销售额达到138亿美元，约占日立集团全球整体销售额的13%。

日立集团自20世纪90年代开始在广东省投资建厂，目前共在广东省投资设立了27家企业，投资领域涵盖了机电、电子、信息通信、高性能材料、物流、贸易等，比较有影响力的产品有电梯、汽车零部件、电动工具等。2010年度销售额约30亿美元，员工超过1. 5万人。

丸红株式会社

丸红株式会社于1858年创立，总部设在东京，是日本具有代表性的大型综合商社之一，在全球69个国家和地区拥有119个海外分支机构以及425家合并会计企业。2010会计年度总销售额为1087亿美元，在2011年《财富》杂志全球500强公司排名中位居第199位。

丸红作为大型综合商社，通过贸易广泛涉足各行各业；又通过形式多样的贸易活动，提供各种各样的商品和服务；同时，广泛开展投资活动，积极推动产业价值链形成，为促进贸易发展、加速流通领域改革、稳定企业经营以及开拓国际市场等作出了积极贡献。

中国一直是丸红优先发展的最重要市场之一，其在中国的业务发展可以追溯到日中邦交正常化以前。目前，丸红在中国共开设了16个分支机构、110多家投资企业，投资总额达7亿美元。2010年，丸红集团与中国的业务成交总额达190亿美元。广东省是丸红在中国业务的重中之重，早在1978年就在广州设立了分支机构，先后成立了10家投资企业。

MS&AD保险集团控股公司

MS&AD保险集团于2010年4月成立，总部设在东京，是在三井住友海上集团、爱和谊财产保险公司、日生同和财产保险公司进行经营整合后成立的，业务涵盖财产保险、风险管理、资产运用以及人寿保险等各个领域。

整合之后的MS&AD保险集团成为日本第一、世界第七的财产保险集团，在2011年《财富》杂志全球500强公司排名中位居第215位。2010年集团总资产114450亿日元（约人民币9156亿元）、保费收入25437亿日元（约人民币2035亿元）。

MS&AD保险集团旗下核心企业三井住友海上火灾保险公司于1981年在北京设立第一家代表处；并于2001年5月设立了上海分公司，2007年9月正式改建为“三井住友海上火灾保险（中国）有限公司”；2008年9月，在广东省设立了三井住友海上火灾保险（中国）有限公司广东分公司，成为首家在广东省开业的日资保险经营机构。2011年1月设立了深圳营销服务部。

野村控股株式会社

野村控股株式会社于1925年在日本大阪成立，总部设在东京，是一家以亚洲为总部的全球性金融服务机构。2008年9月，野村收购了国际投资银行雷曼兄弟在亚洲、欧洲和中东的业务。目前，在全世界30多个国家设有分支机构，拥有一支26000人的员工队伍。野村的全球业务包括机构业务、零售业务及资产管理业务。在2010年度《机构投资者》最佳研究团队排名中，野村排名日本第一，亚洲及欧洲排名第二。

野村是第一批在中国设立代表处的国际证券公司之一。早在20世纪80年代初，野村集团就开始向中国企业提供金融和投资服务。野村是中国国有企业和民营企业境外资本融资及并购交易的积极参与者。2003年，野村获准成为中国首批境外合格机构投资者（QFII）之一，目前拥有3. 5亿美元的投资额度。

瑞士诺华公司

瑞士诺华公司成立于1996年，由瑞士两家拥有百年历史的公司——瑞士汽巴嘉基（Ciba-Geigy）公司和山德士（Sandoz Laboratories）公司合并而成，总部位于瑞士巴塞尔，业务遍及全球140多个国家和地区，拥有约12万名员工，是全球制药和消费者保健行业居领先位置的跨国公司。2010年净销售额达506亿美元，研发投入约为91亿美元，在2011年《财富》杂志全球500强公司排名中位居第164位。

Novartis的中文名称——诺华，取意承诺中华。诺华与中国的合作可以追溯至百余年前。截至2010年年底，其在华总投资超过7亿美元，在华雇员超过5000人。

广东地区是诺华公司在中国最重要的战略市场之一，早在1993年诺华公司的前身之一汽巴嘉基公司就在广东建立了办事处，1996年合并成立诺华公司以后，公司相关业务领域相继在广东设立了办事处。诺华集团旗下山德士公司于2007年正式开展中国服务，其生产基地位于中山市国家健康科技产业基地。

UPS公司

UPS（United Parcel Service，Inc. 联合包裹服务公司）成立于1907年，总部设于美国佐治亚州亚特兰大市，是全球领先的物流企业；业务网点遍及世界220多个国家和地区，拥有超过40万名员工，2010年营业额达到496亿美元，在2011年《财富》杂志全球500强公司排名中位居第166位。

UPS自1988年进入中国以来，业务已覆盖国内330多个城市，在中国区内拥有近6000名员工。UPS于1994年在广州建立代表处，开始了在广东的迅速发展。2005年4月，UPS正式开通每周六往返广州与美国阿拉斯加州安克雷奇市（Anchorage）之间的直飞航班，这也是广州与安克雷奇之间的第一条直航货运航线。2010年5月，位于深圳宝安国际机场的UPS亚太转运中心正式启用。目前UPS在广东拥有员工1500多人。

第七章

省长、顾问简介

朱小丹
广东省省长

汉族，1953年1月生，浙江温州人，1971年8月参加工作，1975年12月加入中国共产党，中央党校经济管理专业毕业，中央党校研究生学历。1971—1977年，任广东乐器厂工人、团支部书记，广州市乐器总厂团委副书记；1977—1982年，任共青团广州市委干部，办公室副主任、主任；1982—1984年，任共青团广州市委副书记；1984—1987年，任共青团广州市委代书记、书记（其间：1985年9月—1987年9月在广州宣传函授学院科学社会主义专业学习）；1987—1991年，任从化县委书记（其间：1990年9月—1991年7月在中央党校中青班学习）；1991年，任广州市委副秘书长；1991—1996年，任广州市委常委、宣传部部长；1996—1999年，任广州市委副书记、宣传部部长（其间：1995年9月—1998年7月在中央党校研究生院在职研究生班经济管理专业学习）；1999—2002年，任广州市委副书记；2002—2003年，任广东省委统战部常务副部长、部长；2003年，任广东省政协副主席，广东省委统战部部长；2003—2004年，任广东省委常委、宣传部部长，省政协副主席；2004—2006年，任广东省委常委、宣传部部长；2006—2007年，任广东省委常委，广州市委书记；2007—2010年，任广东省委常委，广州市委书记、市人大常委会主任；2010—2011年，任广东省委常委，广东省常务副省长；2011年10月，任广东省委副书记，广东省常务副省长；2011年11月，任广东省委副书记，广东省代省长。2012年1月，任广东省省委副书记、省长。中共第十七届中央候补委员、第十八届中央委员，第十届全国政协委员。

顾问简历
（按所在机构英文字母排序）

巴比诺特
忠利集团执行总裁

1958年9月生，意大利国籍。1983年加入的里雅斯特市（Trieste）忠利保险有限公司总部；1983—1995年，先后在忠利保险有限公司的子公司或分支机构工作，包括慕尼黑德国劳合公司（Deutscher Lloyd）、集团保险营运部、瑞士分公司、法国优普环球援助公司；1995—1996年，任忠利保险有限公司集团保险营运部地区经理；1996—1998年，任忠利保险有限公司助理总经理和集团保险营运部负责人；1998—2000年，任忠利保险有限公司及忠利集团副总经理；2000—2002年，任忠利保险有限公司及忠利集团总经理；2002年4月至今，任忠利集团执行总裁；2011年6月至今，任欧洲保险和再保险联盟——欧洲保险联合会主席。

思文凯
BP公司董事长

1952年5月生，瑞典国籍，获商业管理学士和理学硕士学位。1977—1985年，在ABB公司负责项目输出工作；1986—1994年，在赛库达斯（Securitas）安全锁业公司任职，1990年任该集团公司第一执行副总裁；1994—2003年，任亚萨合莱（Assa Abloy）集团公司总裁兼首席执行官；2003—2009年，任爱立信总裁兼首席执行官、索尼爱立信移动通信股份公司董事长；2009年9—12月，任BP公司非执行董事；

2010年1月至今，任BP公司董事长。

现任爱立信公司非执行董事，瑞典企业联合会理事；全球信息和通信技术及开发联盟指导委员会委员，哥伦比亚大学地球研究所外部顾问委员会委员；曾凭借对瑞典工业界的杰出贡献荣膺瑞典国王勋章。

杰瑞德·柯亨
卡内基梅隆大学校长

1947年10月生，美国国籍。1969年，获宾夕法尼亚大学土木工程专业理科学士学位；1972年，获麻省理工大学土木工程专业理科硕士学位；1973年，获麻省理工大学土木工程专业博士学位；1973—1992年，任教于约翰·霍普金斯大学地理与环境工程系；1992—1997年，任耶鲁大学森林学与环境研究学院院长兼环境系统分析教授；1997年至今，任卡内基梅隆大学校长兼土木与环境工程学教授、工程与公共政策学教授。

曾任美国大学协会主席，现任竞争力委员会会员，国土安全委员会会员，国家研究委员会、全球科学和技术委员会会员。2009年被授予“美国土木工程师协会杰出会员”称号；2011年获美国工程师学会联合会颁发的国家工程学奖。

马识路
法国电力公司高级执行副总裁

1947年8月生，法国国籍；1968年，就读于法国综合理工大学（École Polytechnique）；1973年，毕业于国家路桥学院（École des Pontset Chaussées）和巴黎政治学院（Institut d’Études Politiques de PARIS）。

1973—1978年，进入法国对外合作部工作，被派往科特迪瓦计划部城市发展局任局长；1978—1982年，任伊勒 维莱讷省（Ille-et-Vilaine）结构工程师；1982—1984年，进入法国电力公司，任帕律埃（Paluel）核电站副经理；1984—1989年，任中国大亚湾核电站项目技术经理；1990—1995年，任法国电力公司国家核电设备中心（Centre National d' Equipement Nucléaire）主任；1995—1998年，任法国电力公司装备部副总经理；1998—2002年，先后任法国电力公司发输电部经理、工业部副总经理。2002—2009年，任法国电力公司亚太区总裁；2010年2月至今，任法国电力公司高级执行副总裁兼亚太区总裁。

孟瑟

美国艾默生电气公司总裁兼首席运营官

1950年生，美国国籍；1980年，获伊利诺理工大学（Illinois Institute of Technology）电力工程学学士学位，并获东密执安大学（Eastern Michigan University）教育学学士学位。

1981—1986年，加入美国艾默生电气公司所属罗斯蒙特，任高级工程师；1987—2001年，先后任罗斯蒙特技术总监、新产品与技术总监、副总裁、执行副总裁兼总经理、总裁；2001年11月至今，任美国艾默生电气公司首席运营官；2010年10月至今，兼任美国艾默生电气公司总裁。现任艾森豪威尔基金会理事、兰肯技术学院（Ranken Technical College）董事会主席、圣路易斯科学中心理事会理事、伊利诺理工大学监管理事会理事、The Backstoppers公司董事会成员。曾任美中贸易全国委员会董事会成员及副主席。

卫翰思
爱立信公司总裁兼首席执行官

1965年6月生，瑞典国籍；1991年获瑞典乌普萨拉大学（Uppsala University）商业管理学士学位。

1991年起，加入爱立信公司，先后在中国、瑞典、智利和巴西担任过多个管理职位；1998—2000年，任爱立信巴西公司首席财务官；2000—2002年，任爱立信公司北美地区首席财务官，并主管美洲地区财务工作；2002—2003年，任爱立信墨西哥公司总裁；2003—2007年，先后任爱立信集团公司高级副总裁兼全球电信专业服务业务部总经理、执行副总裁；2007年10月—2009年，任爱立信公司首席财务官；2010年1月至今，任爱立信公司总裁兼首席执行官。

汉斯-约克 布凌格
德国弗劳恩霍夫协会主席

1944年4月生，德国国籍。1963—1974年，在斯图加特大学（University of Stuttgart）学习机械制造（主要方向是制造技术），先后完成大学、研究生、博士生学习，并在戴姆勒—奔驰公司作为制造工程师开始工作。

1975年，任德国弗劳恩霍夫生产技术与自动化研究所企业规划部经理；1978年，获任教资格（postdoctoral fellowship）；1980—1982年，先后被聘为哈根大学（University of Hagen）工业科学与人类工程学教授、斯图加特大学劳动经济和技术管理学教授；1981—2002年，任德国弗劳恩霍夫劳动经济和组织研究所（IAO）所长；2002年10月至今，任德国弗劳恩霍夫协会主席。先后撰写了数以千计的关于工业工程方面的文章和书籍，重点研究领域是信息管理和生产管理；1998年获联邦德国科学、经济和社会杰出贡献联邦十字勋章。

2006年获由德国总统颁发的德意志联邦共和国大十字勋章，2011年获德国工程师协会格拉肖夫纪念奖章（Grash of Commemorative Medal of VDI）。

间塚 道义
富士通株式会社会长（董事长）

1943年10月生，日本国籍；1968年毕业于日本学习院大学（Gakushuin University）经济学部。1968年4月，进入富士通FACOM株式会社；1971年4月，进入富士通株式会社；1999年6月，任富士通株式会社常务理事兼产业营业本部长；2001年6月，任富士通株式会社董事兼东日本营业本部长；2005年6月，任富士通株式会社专务董事兼解决方案事业部门长；2006年6月，任富士通株式会社副社长（副总裁）；2008年6月，任富士通株式会社会长（董事长）；2009年9月，任富士通株式会社会长（董事长）兼社长（总裁）；2010年4月至今，任富士通株式会社会长（董事长）。

庄睿思
通用电气公司副董事长

1956年生，美国国籍，毕业于汉密尔顿大学（Hamilton College），获经济专业文学学士学位。

1978—1994年，进入通用电气公司（GE），先后在财务、审计、运营等部门工作；1994—1995年，任GE审计部副总裁；1995—1997年，任GE塑料集团亚太区总裁；1997—2000年，任GE运输集团总裁兼首席执行官；2000—2005年，任GE能源集团总裁兼首席执行官；2005—2006年，任GE副董事长、工业集团总裁兼首席执行官；2006—2010年，任GE副董事长、基础设施集团总裁兼首席执行官。

2011年至今，任GE副董事长、GE全球事务（总部设于中国香港）总裁兼首席执行官，负责公司全球运营，并重点关注中国、印度、中东和巴西等经济高增长地区。

川村 隆
日立集团会长（董事长）

1939年12月生，日本国籍，1962年毕业于东京大学工学部电气工学专业。1962年，进入株式会社日立制作所工作；1987年，任日立火力发电部部长；1992年，任日立工厂厂长；1995—2003年，先后任日立制作所董事兼电力统括营业本部长、常务董事兼电力事业本部长、代表董事兼副社长；2003年，任日立软件工程株式会社董事会长；2005年，任株式会社日立工业设备技术董事会长；2007年，任日立麦克赛尔株式会社董事会长。

2009—2010年，先后任日立制作所执行役会长兼执行役社长、代表执行役兼执行役会长；2011年至今，任日立制作所董事会会长（日立集团会长）。2004年，兼任日本电气学会会长；2010年，兼任社团法人信息通信网络产业协会会长、日本经济团体联合会副会长。

胜俣 宣夫
丸红株式会社会长（董事长）

1942年12月生，日本国籍，1966年毕业于庆应义塾大学（Keio University）经济系。1966年4月，进入丸红饭田株式会社（1972年更名为丸红株式会社）工作；1990年1月，任丸红株式会社印刷用纸部部长；1996年6月，任丸红株式会社董事、纸浆本部长；1999年3月，任丸红株式会社董事、物资/建设部门主管官员；1999年4月，任丸红株式会社常务董事、物资/建设部门主管官员；2001年4月，任丸红株式会社专务董事、秘书部/人事部/事业总括部负责人、资材/纸浆部门主管官员、投融资委员会委员长；2002年4月，任丸红株式会社专务董事、秘书部/人事部/财务部负责人、资材/纸浆部门主管官员；2003年4月，任丸红株式会社社长；2008年4月至今，任丸红株式会社会长。

现任财团法人日中经济协会副会长、社团法人日本经济团体联合会副会长。

江头 敏明
MS&AD保险集团控股公司董事总经理兼首席执行官

1948年11月生，日本国籍；1972年毕业于庆应义塾大学（Keio University）法学部。

1972年4月，进入大正海上（后更名为三井海上）火灾保险公司工作；1991—2006年，先后任三井海上火灾保险公司（后更名为三井住友海上火灾保险公司）企业第三部营业第一课长、火灾新险商品企画部保证信用保险室长、总经理室部长、商品业务统括火灾新险业务部部长、执行官、常务执行官、共同首席执行官；2006年8月，任三井住友海上火灾保险公司董事总经理、首席执行官；2008年4月，任三井住友海上集团控股有限公司董事总经理；2009年4月，任三井住友海上集团控股有限公司董事总经理、首席执行官；2010年4月至今，任MS&AD保险集团控股公司董事总经理、首席执行官，三井住友海上火灾保险公司董事长。

现任公益社团法人经济同友会干事，社团法人日本经济团体联合会常任理事，东京商工会议所常任议员，社团法人日本经济团体联合会亚洲大洋洲地区委员会共同委员长。

古贺 信行
野村控股株式会社会长（董事长）

1950年8月生，日本国籍；1974年毕业于东京大学法学系。

1974年4月，进入野村证券株式会社（现更名为野村控股株式会社）工作；1991—1999年，先后任野村控股株式会社综合企画室长、人事部长、董事、常务董事、专务董事；2000年6月，任野村控股株式会社董事、副社长；2001年10月，任野村控股株式会社董事副社长兼首席运营官、野村证券株式会社董事副社长；2003年4月，任野村控股株式会社董事社长兼首席执行官、野村证券株式会社董事社长；2008年4月，任野村证券株式会社会长、野村控股株式会社执行役专务董事；2008年6月，任野村证券株式会社会长。

2011年6月至今，任野村控股株式会社会长、野村证券株式会社会长。

江慕忠
瑞士诺华公司首席执行官

1982年，获美国斯坦福大学学士学位；1984年，获加利福尼亚大学伯克利分校MBA学位。2002—2006年，任职H. J. 亨氏公司，先后担任北美业务总裁和首席执行官以及亨氏欧洲公司总裁和首席执行官；2002—2007年，任英国阿斯利康（AstraZeneca）公司非执行董事、美国私募股权投资机构百仕通集团（The Blackstone Group）顾问；2007年4月，加入瑞士诺华公司，任消费者保健全球总裁；2007年10月，任瑞士诺华制药部总裁；2010年2月1日至今，任瑞士诺华公司首席执行官。

丹·布鲁托

UPS公司国际总裁

1978年，获洛约拉大学（Loyola University）商务学士和会计学学士学位，1981年，获凯勒管理学院（Keller Graduate School）MBA学位。1975—2005年，进入UPS（United Parcel Service，Inc.联合包裹服务公司）工作，先后在操作运营、财务、市场营销以及业务发展等部门任高级管理职务；并先后任UPS供应链解决方案业务的南北美洲副总裁及总经理、UPS全球运输与共享服务总裁；2006—2007年，任UPS全球货运代理业务总裁。2008年至今，任UPS高级副总裁、UPS国际总裁，负责管理UPS所有的国际包裹、货运代理、物流业务以及美国的国际包裹服务；同时还是UPS管理委员会成员，负责公司的日常管理。